Júlio de Ló

Sedução ALGORÍTMICA

À minha amada irmã Nathália
(in memoriam)

Usa-se dele [o tempo] a rédeas soltas,
como se nada custasse.
[...] constrangidos pela fatalidade,
sentimos que ela [a vida] já passou por nós
sem que tivéssemos percebido.

Sêneca

Leia o QR Code acima e faça parte das conversas sobre
Sedução Algorítmica
www.dilemadigital.com.br

SUMÁRIO

PREFÁCIO | Contra Sedução, Eugênio Bucci – 19

    Conto de Abertura | *Atenção: tempo* – 23

INTRODUÇÃO – 27

1 | Economia da Atenção – 31

2 | A Plataforma Digital e o Algoritmo – 51

3 | A Fuga de Si Mesmo, Dependência e Abuso de Internet – 111
    Conto | *Bem-vindos ao paraíso algorítmico* – 117

4 | Nós, as Mariposas e as Telas – 139
    Conto | *Nós, as mariposas, e as telas* – 139

5 | O Mundo Codificado – 161
    Conto | *A primeira palavra calou o mundo* – 161

6 | Contrapontos Propositivos – Caminhos para Autonomia – 181
    Conto | *Marquei um Encontro* – 188

POSFÁCIO | As Seduções Algorítmicas, Christian Dunker – 197

SOCIEDADE DIGITAL E O *HOMO DIGITALIS* – 203

AGRADECIMENTOS – 208

REFERÊNCIAS – 212

Prefácio | CONTRA A SEDUÇÃO

Este livro de Júlio de Ló é um escudo. Um ótimo escudo. Você poderia cobrir com ele a tela do seu celular e faria um bom emprego desse trabalho minucioso, bem apurado e denso. Você poderia usá-lo para tapar a tela do seu tablet, do seu notebook, e acertaria novamente. Este livro é uma espécie rara de literatura preventiva, um antígeno, uma vacina, um colete à prova de balas. Se você puder lê-lo com algum cuidado, talvez não caia mais com tanta facilidade nos cantos das sereias digitais que nadam à nossa volta e fizeram de nós seres ilhados. O autor comenta ponto por ponto da "Sedução Algorítmica" que nos enreda e tira de nós a seiva do desejo, a luz do olhar e o melhor da nossa atenção, além de tempo de vida e dinheiro minguante. O que está aí fora, não se iluda, é um assalto ininterrupto, algo nunca visto – aliás, algo que ainda hoje não é visto com a devida mirada crítica. Este livro, vem nos ajudar a ver o óbvio oculto, o que deveria ser clamoroso e se encontra enevoado. Presta um serviço público – e particular – inestimável, é gênero de primeira necessidade.

O que mais me aflige atualmente é o assédio sobre as crianças, que nunca foi tão despudorado. Talvez, no século XIX, no curso da Revolução Industrial, quando pré-adolescentes se exauriam nas linhas de montagem por horas e mais horas, sem direitos e sem os mínimos cuidados sanitários, o universo infantil tenha sofrido ataques tão brutais quanto os que vemos agora, mas não maiores. Quando olho em volta, penso que o nosso tempo é pior. Bebês já são adestrados a deslizar os dedos sobre as telas antes mesmo de andar ou falar. Já nesse instante, seus dados são sugados pela máquina. Que dados? Não, não falo aqui de CPF, endereço ou RG, mas do modo de olhar, do tempo de concentração dos olhos, do modo de mover as mãos: tudo isso compõe, como num mosaico único, os elementos do circuito secreto do desejo de cada subjetividade. Essas são as informações mais preciosas que abastecem os bancos de dados mais incomensuráveis e indevassáveis, que depois serão usados para o aprendizado de máquinas abstratas, para o desenvolvimento de aplicativos "sedutores", para a construção de engrenagens de manipulação política. E não é só. As crianças são usadas para costurar os significados das mercadorias do imaginário (a marca de um par de tênis, o logotipo de uma casa bancária, um personagem de cinema ou de videogame), confeccionando sem saber a forma estética do sentido, escolhendo a paleta de cores, esculpindo divindades visuais que vão acompanhá-las pelo resto da vida.

No futuro, se ele for democrático, saberemos que o que estamos fazendo agora com as nossas crianças é ainda mais desumano do que aquilo que se fez na Revolução Industrial. No futuro saberemos descrever em que consistia essa nova escola de escravização. De todo modo, e para nossa sorte, o processo de aprisionamento da imaginação infantil não passa despercebida pelas páginas deste livro, embora este não seja o seu foco principal.

O autor também lança boas luzes sobre os mecanismos viciantes fartamente adotados por plataformas e outras atrações da web. Enquanto fecho este pequeno texto, algumas pessoas no Brasil – pouquíssimas, na verdade – manifestam preocupações com a explosão das "bets" (por pouco o meu corretor não ajustou a coisa aqui para "a explosão das bestas", o que daria no mesmo). As bets – ou apostas, como seria melhor dizer, pelo menos seria mais honesto – já monopolizaram os programas esportivos na televisão.

Quase todos os anúncios são delas. Até atletas olímpicos aceitaram fazer publicidade desses cassinos virtuais que colonizam os celulares da classe média, das camadas mais pobres, de gente vulnerável e das crianças, ricas ou não. O assédio não tem limites. O atendimento médico para dependência em apostas aumenta entre pacientes mais jovens. Falta dinheiro para as compras de fim de mês. Empregados começam a pedir adiantamento de salário que antes não pediam. Uns deixam de comprar feijão.

A quem isso serve? Pense bem: a quem isso favorece? O que fizemos da tecnologia? E o que é que ela fez de nós? Que prodígio social ou cultural isso representa? Ora, sejamos francos.

É claro, é cristalino, que as ferramentas digitais nos ajudam. A telemedicina, por exemplo. O ensino a distância. A automação bancária. Os livros digitais. A gestão do trânsito. O monitoramento das epidemias, o controle de pousos e decolagens nos aeroportos. São inúmeras as conquistas positivas em diversos campos da nossa vida. Mas a questão não é essa. A questão é que precisamos ser capazes de criticar abertamente um sistema globalizado de interações maquínicas que vem sendo vendido como a maravilha intergaláctica em forma de felicidade e não é nada disso. Quando vemos a coisa com mais profundidade, é o oposto disso. Robôs que conversam com você limpam o carpete. Refrigeradores que preparam a lista de compras. Sites de encontros amorosos resolve o seu final de semana. Não, essas coisas não são presentes de um Papai Noel desinteressado. Há uma carga enorme de perversidade por baixo das luzinhas que piscam e das musiquinhas que relaxam.

Se você acha que estou exagerando, leia o livro de Júlio de Ló. Ele aponta diversos riscos, como, entre outros, a tendência de monopolização que ronda o mercado das big techs. Aí temos outro megaproblema. Estamos testemunhando a formação de conglomerados monopolistas globais que, somados, são maiores do que a imensa maioria das economias nacionais. Você tem ideia do que significa uma única empresa ter o seu preço estimado em mais de três trilhões de dólares? É disso que estamos falando. Quem controla o fluxo de informações hoje no planeta? O poder do capital. Por onde passa esse tráfego? Para ganho de quem? Da democracia? Do direito à informação? Da liberdade do garoto que se deixou viciar em jogo? Ora, por favor.

Alguém precisava procurar contar outros lados dessa história. Na verdade, algumas pessoas têm se esforçado para isso, e com este "Sedução Algorítmica" nós temos acesso a um bom agregado das críticas mais sólidas que vêm sendo formuladas. Uma leitura útil, sem dúvida. Providencial.

Eugênio Bucci

Professor titular e Superintendente de Comunicação Social da Escola de Comunicações e Artes da USP. Autor de diversos livros, pesquisa ética na comunicação, superindústria do imaginário, imprensa, informação, comunicação pública, cultura democrática. Colunista do jornal O Estado de São Paulo, foi vencedor do Prêmio Jabuti 2024 com o livro *Incerteza, um ensaio: como pensamos a ideia que nos desorienta (e orienta o mundo digital)*. É imortal da Academia Paulista de Letras.

Conto de abertura

Atenção: tempo

Você aqui? Que surpresa encontrar você aqui. Como chegou até aqui? Hoje, chegar até aqui requer um caminho raro. Deve ter chegado sem querer. Você se perdeu ou alguém muito importante pediu para que viesse aqui? Deve estar recebendo algum pagamento ou então tem muito apreço pela pessoa que fez o convite a você. Tantas coisas poderia estar fazendo e desfrutando, mas aqui você está. É importante que você saiba: assim como em muitos lugares que frequenta, aqui você também terá de dar o seu tempo e sua atenção. O seu tempo e sua atenção estão sendo disputados neste exato momento. Seu smartphone está por perto? Alguma tela de e-mail aberta? Quais as abas abertas? Alguma notificação vai acontecer em breve, se é que já não tocou e chamou sua atenção. Chamou ou, quem sabe, convocou a sua atenção? Irresistíveis, elas se tornaram, não? O que você acha? Quantas horas sem interrupção você consegue ficar? Horas é exagero: minutos. Quantos minutos sem interrupção? Muitos alarmes hoje podem não alarmar mais você. Tocou algum agora? Algum barulho, música, luz, vibração? O que excita mais você: uma sirene ou uma notificação? Quer parar um pouco e dar a sua atenção e o seu tempo para o último alarme, à última notificação? Confira lá. Ainda prefere estar aqui? Tempo e atenção. Atenção e tempo. Tempo e atenção. Atenção: tempo. Você aqui?

Ainda aqui. Admirável. Um textão desse, que fôlego. Faz tempo que ultrapassou 140 caracteres. Você é raridade. Você deve estar sem internet e com algum tipo de cerceamento da liberdade. A sua liberdade hoje é tão disputada, não há tempo para ser livre. Não responda agora, mas: a que se destina a liberdade conquistada? Não responda! Essa pergunta requer atenção com tempo longo de raciocínio e algo vai interromper você. Viu? O que interrompeu você dessa vez? Nada? Você olhou, ou teve vontade de olhar, para o aparato que mais interrompe você? Sentiu? Às vezes você escuta uma notificação mental, mas que nunca ocorreu, a não ser na imaginação? Quando não interrompem você, você segura o aparato com desejo de interrupção? Ou, por não receber notificação alguma, põe-se a interagir através do aparato, para quem sabe algo ou alguém produza uma resposta que gerará notificação futura? Bem impressionante. Chegou longe. Talvez seja a única pessoa capaz de chegar tão longe. Esse texto, para chegar nesta linha, tem pelo menos dias de dedicação ininterruptos. Um esforço colossal. Se para você parece fácil manter um raciocínio longo é porque ainda conserva algo. A maioria nem sequer teria coragem de começar a ler. Você insiste. Isso é assombroso. Se alguém vir você lendo, finja estar na primeira linha. Não mostre a ninguém que consegue se concentrar a esse ponto. Os que buscaram provar a muitas pessoas os benefícios de conseguir manter sua atenção e o tempo longo ininterrupto perderam sua atenção e o raro recurso do tempo longo quando divulgaram essa possibilidade. Ao divulgar essa capacidade a grande número de pessoas, terá de entrar em locais como plataformas digitais conectadas à internet, das quais dificilmente conseguirá sair sem esforço. E, quanto mais efetiva sua comunicação for, menos tempo e atenção sobrará para você. Você pode achar estranho. Talvez você seja de um outro tempo e espaço, onde isso ainda seja possível. Mas do tempo e espaço de onde este texto vem, o tempo e a atenção já não pertencem à maioria das pessoas. Elas, as pessoas, seguem satisfeitas até, não porque deram a elas o que gostariam, mas por tirarem delas a vontade de querer. Espero que saiba o que seja isso. Você continua aqui?[1]

---

1 Este e todos os outros contos presentes no livro foram produzidos pelo autor, buscando dialogar de maneira literária com a temática abordada.

INTRODUÇÃO

Há bem pouco tempo, em 1969, foi trocado o primeiro e-mail da história, no mesmo ano em que uma criatura humana colocava os pés na lua. O primeiro *website* nasceu em 1991 e hoje algumas instituições já estão promovendo metaversos. A Inteligência Artificial vem atravessando diversas áreas. Tudo tão recente, frente à história registrada pela humanidade, que muitos que conceberam essas tecnologias ainda estão vivos. Tudo tão recente e intenso: somos atualmente 5,61 bilhões de pessoas com dispositivos móveis; 5,35 bilhões de seres humanos com acesso à internet[2]. Mais do que isso: com vidas cada vez mais mediadas por dispositivos eletrônicos audiovisuais – ou áudio-tátil-visuais – conectados à internet.

Tão recente, que a legislação que regula as práticas desse novo contexto, apesar do esforço, ainda engatinha, mantendo o assunto Ética na lista de urgências. Afinal, tudo que existe no mundo físico tem o potencial de existir no mundo virtual, assim como na sua intersecção. Medos, crimes, celebrações, afetos podem ser vivenciados em ambos os mundos de acordo com as suas condições.

A tecnologia baseada em linguagem de programação, sustentada em código binário, possui grande "01110000 01101111 01110100 01100101

---

2 DATAREPORTAL. *Digital 2024: Global Overview Report*. Disponível em: <https://datareportal.com/reports/digital-2024-global-overview-report >. Acesso em: 23 set 2024.

01101110 01100011 01101001 01100001 01101100" (a tradução deste código binário é: "potencial"). Este potencial é e será aplicado de acordo com as vontades humanas.

Nesse contexto hiperconectado, nosso tempo e nossa atenção têm sido disputados incessantemente, com diversos fins: comerciais, políticos, manutenção de poder, dentre outros. As telas atuais que emanam luz têm características sedutoras, não só pela luminosidade, mas pelas plataformas digitais que nelas se encontram, em sua forma e conteúdo. Há ali estratégias de recompensas, recomendações intermináveis em ambientes que simulam cassinos e shopping centers, há testes e experimentos que tornam a relação com os usuários um verdadeiro laboratório, de *timelines* sem fim e *scroll* infinito. A luz nunca se apaga. E passamos a nos comportar, metaforica e provocativamente, como mariposas frente a lâmpadas, atraídas por brilho específico, atrapalhando a diretriz do voo, em determinados casos. Trata-se mesmo de uma grande questão de nossa contemporaneidade, do pensamento comunicacional contemporâneo: a economia da atenção e o poder da sedução algorítmica.

Ora, para ser efetiva, a sedução algorítmica precisa de dados, muitos dados. Dados de nós, usuários. Uma empresa que dispõe de dados organizados e de constante relação com seus usuários tem grande valor de mercado. Por isso, há cada vez mais formas de nos atrair e também formas de coletar e minerar[3] dados. Os rastros deixados por usuários são a matéria-prima, coletada com cada vez mais precisão e com inúmeras finalidades, como alimentar e sofisticar o algoritmo, conhecer e identificar o usuário, vendê-la ou permutá-la para empresas terceiras. Esses dados, é claro, podem ser mal utilizados, também podem ser vazados, e usuários,

---

3 Mineração de dados (*data mining*): olhar para grandes quantidades de informações que foram coletadas em um computador e usá-las para fornecer novas informações. Disponível em: https://www.oxfordlearnersdictionaries.com/us/definition/english/data-mining?q=data+mining Acesso em 21 set. 2024. Tradução nossa.

parte vulnerável dessa relação, têm dificuldade em entender esse processo, similar a uma relação de mágico ilusionista e público.

Nesse acesso invasivo e privilegiado à subjetividade humana, as plataformas digitais podem sugerir a compra de produtos, podem fazer, de modo muitas vezes imperceptível, uma sugestão política, uma intervenção nos desejos, em emoções e ideias, dependendo de sua intenção, interesses, ética. Podem promover diferentes efeitos, especialmente a distração da vontade, nos tirando o foco daquilo que é mais importante. Podem provocar uma sociedade da redundância, promovendo "filtros bolha", "câmaras de eco", "fixação de crenças", um reflexo distorcido de nós mesmos. E, quanto mais a subjetividade dos usuários é mapeada, a partir da coleta de dados, maior a possibilidade de identificar seus tesouros, fortalezas, fraquezas, vontades, intenções, doenças, contradições, relações. Maior a possibilidade de influir na subjetividade humana, de alterar profundamente comportamentos e a qualidade de vida. De induzir e propor futuros, impactando a vida individual e também a vida coletiva.

Quando a sedução algorítmica está em jogo, especialmente enquanto as plataformas digitais não são reguladas nem regulamentadas adequadamente em todos seus âmbitos, o usuário precisa saber intervir, se assim desejar. É oportuno estabelecer limites na relação com as plataformas digitais, limites que estão diretamente vinculados à sua autonomia.

Sim, é difícil competir com plataformas digitais criadas, pensadas e aprimoradas para capturar nosso tempo e nossa atenção, seduzindo-nos para que entreguemos nossos sentidos e, assim, nossos pensamentos, perspectivas, interesses, desejos, emoções, sentimentos – nossos dados objetivos e também os subjetivos. Medidas que valorizem os rituais – arquitetura temporal da vida –, o sono, o repouso atencional, o espaço para escuta, o propósito, são possíveis contrapontos propositivos a serem colocados em prática nessa realidade marcada por tantos estímulos e possibilidades de uso e entrega do nosso tempo. A crítica em torno das plataformas digitais integradas à internet que aqui fazemos não tem por objetivo condená-las ou demonizá-las. São muitas as conquistas que elas podem promover.

Sem tecnofobia ou tecnoeuforia, longe de dar respostas categóricas, queremos trazer reflexões que contribuam para ampliar o senso crítico e o discernimento nesse contexto que nos exige tamanha atenção. Identificar problemas e desafios encontrados por todos nós, usuários, em nossa relação cotidiana com as plataformas digitais. E contribuir para um diálogo para a autonomia, liberdade e ética. Pois o que desejamos é que o código binário, com todo o seu "01110000 01101111 01110100 01100101 01101110 01100011 01101001 01100001 01101100" – potencial –, promova um mundo que cada vez valha mais a pena ser vivido, habitado.

1 | ECONOMIA DA ATENÇÃO

ECONOMIA DA ATENÇÃO E O PARADOXO DA DISTRAÇÃO

No Brasil, vive-se em média 76,4 anos[4], isto é, 669.722 horas. Quantas horas restam no nosso relógio biológico? A que se destina a atenção da ampulheta das nossas vidas? Ler este livro é uma escolha. Escrever um livro também. Leva tempo. Quando o nosso tempo não está sendo vendido, isto é, prestando um serviço, como o utilizamos?

Hoje é raro ouvir o tique-taque do relógio analógico na parede da cozinha. Carregamos um outro relógio, de bolso, digital, nos nossos smartphones. A ampulheta segue, constante, precisa, incorrigível, sem privilegiar ninguém. A ampulheta da vida consola algumas dores com o seu passar, mas não tolera algumas perdas de tempo. Escorre. Corre. Inexorável. A ampulheta não vai parar para chamar a nossa atenção. Tampouco conseguiremos chamar a atenção dela. Ela não aceita exigências. Podemos gritar, insultar, pedir que pare. Podemos tentar seduzi-la, agradá-la, mas ela não cai em bajulações. A ampulheta da vida é fiel ao seu propósito. Falemos, então, daquilo que nos auxilia em nossa relação com o tempo: a faculdade da atenção.

---

4 ABDALA, V. Agência Brasil. Disponível em: https://agenciabrasil.ebc.com.br/geral/noticia/2024-08/ex pectativa-de-vida-no-brasil-em-2023-chega-a-764-anos-diz-ibge. Acesso em 22 set. 2024.

A pesquisadora em Tecnologias da Inteligência Lucia Santaella diz que a faculdade da atenção resulta da capacidade que nossas mentes têm de selecionar e focar o aspecto mais saliente de uma determinada situação. Essa capacidade, de percepção plena de determinado objeto mental, não é infinita, pelo contrário, é limitada, nas palavras do filósofo italiano Franco Berardi, um "recurso escasso"[5], a ponto de buscarmos desenvolver técnicas para sua otimização. A ponto também de economistas e estudiosos começarem a falar, nos últimos anos, de uma **economia da atenção**[6].

Uma imagem interessante é apresentada pelo ex-estrategista do Google e pesquisador em filosofia e ética da tecnologia na Universidade de Oxford James Williams: "quando dizemos '**atenção**', na linguagem cotidiana, normalmente nos dirigimos ao que os cientistas cognitivos chamam de 'facho de luz' da atenção, ou seja, para onde aponta nossa percepção momentaneamente e conforme nossa atividade imediata. O 'facho de luz' da atenção é aquele tipo de atenção que nos ajuda a fazer o que queremos fazer."[7]

Fazer o que queremos fazer. Atenção que nos ajuda a fazer o que queremos fazer. E o que poderíamos considerar o oposto da atenção? Para Santaella, o oposto da atenção é a distração, que, segundo ela, é ser empurrado para algo secundário, sem o foco dirigido da atenção. Ainda conforme a pesquisadora, outro fator que mina a atenção é a interrupção, isto é, a fragmentação do pensamento e do tempo. A atenção e a distração seguem em oposição.

Agora, partamos para estabelecer a perspectiva central deste capítulo: a economia da atenção. Vivemos cada vez mais a economia da atenção. De acordo com Santaella, nessa configuração, o olhar é uma das mercadorias

---

5 BERARDI, 2019, p. 154.

6 Além dos autores citados neste capítulo que abordam o tema referente à economia da atenção, temos também, dentre outros: CITTON, 2014; CRARY, 2016; DAVENPORT; BECK, 2001; FRANCK, 1999; GOLDHABER, 1997; WU, 2016.

7 2021, p. 69, grifo nosso.

mais cobiçadas e, "à medida que novas opções entulham o menu, incessantes apelos à mente reativa impõem-se na forma de cores brilhantes, alusões ao sexo, comidas apetitosas etc.". Segue a autora:

> Nesse contexto, a retórica da publicidade torna-se o mecanismo fundamental do mercado, pois o trabalho dessa nova economia, a da atenção, consiste grandemente no design e implementação de efeitos simbólicos e retóricos voltados para o fisgamento da demora perceptiva de audiências distraídas. [...] Trate-se, na web, de 'atrair, canalizar, estabilizar a atenção' e a melhor forma para isso é prestar serviço, 'escutar exatamente o que querem as pessoas – sonho, amor, jogos, saber, mercadorias de todos os tipos – e dar isso a elas. Senão, elas irão para outro lugar, muito rápido, num só clique.[8]

O paradoxo é que a lógica da economia da atenção depende, frequentemente, da distração para ser bem-sucedida. Ou seja, em muitos dos casos, distrair é ferramenta chave para atrair, distrair é atrair, distração como estratégia de atração. Então, quando nós, usuários, somos atraídos, fisgados, isto é, com a atenção redirecionada – ou distração em curso, distração guiada –, segue o esforço da plataforma digital para reter nossa atenção o máximo de tempo possível.

Para ampliar o diálogo, vejamos o que outros autores têm a dizer sobre a economia da atenção. Comecemos com Lipovetsky, teórico da hipermodernidade, em seu livro *A sociedade da sedução – democracia e narcisismo na hipermodernidade liberal*:

---

8 SANTAELLA, 2010, p. 302-303.

Estamos no tempo da sedução mercantil onipresente que tem como tarefa, nos mercados hipercompetitivos do consumo, despertar os desejos, tocar as sensibilidades, cativar a atenção dos compradores. Como, em uma época de produção pletórica, a atenção torna-se o recurso mais raro e o mais procurado, o capitalismo de sedução não para de multiplicar os dispositivos destinados a capturá-la. Seduzir é atrair o olhar e a atenção: a novidade do momento é que esse processo imemorial agora age na escala macroscópica das tecnologias industriais e midiáticas. Desse modo, o capitalismo de sedução se apoia em uma "**economia da atenção**", no poder mágico de captar a atenção dos indivíduos consumidores (ir às compras, audiência, cliques digitais) por meio das ofertas de experiências atrativas.[9]

O que vemos é que também Lipovetsky deixa clara a questão da sedução, da atração do olhar, da atenção, cativando e tocando a sensibilidade. E, devido ao excesso de informação, cada vez mais as estratégias de sedução tendem a ser lapidadas para que seja possível chamar atenção.

Num mundo de excessos, só é percebido aquilo que se destaca. Onde todos conversam em volume médio, um grito chama a atenção. Onde todos gritam, é preciso, além de gritar, fazer gestos bruscos para chamar a atenção. Onde todos gritam com gestos bruscos, soltam-se fogos de artifícios para chamar a atenção. Onde todos gritam com gestos bruscos, mais fogos de artifícios, talvez sejam o silêncio e o vazio a chamarem a atenção. Não à toa é comum que pessoas, depois de viverem exageros, busquem algo que se relacione com o sereno. Falaremos disso mais à frente.

---

9 LIPOVETSKY, 2020, n.p., grifo nosso.

Mas, afinal, por que a atenção é tão disputada nas plataformas digitais? Eugênio Bucci, jornalista e professor titular da Escola de Comunicação e Artes da Universidade de São Paulo (USP), na obra *A Superindústria do Imaginário: Como o capital transformou o olhar em trabalho e se apropriou de tudo que é visível*, traz uma explicação esclarecedora sobre o interesse econômico por essa "entidade chamada atenção". Diz o autor:

> Em termos sucintos, a **"economia da atenção"** consiste em mercadejar com o olhar, com os ouvidos, o foco de interesse e a curiosidade um tanto aleatória dos consumidores. O esquema é elementar: primeiro, o negociante atrai a "atenção" alheia; ato contínuo, sai por aí a vendê-la – mas, detalhe crucial, sai a vendê-la com zilhões de dados individualizados sobre cada um e cada uma que, no meio da massa, deposita seu olhar ansioso sobre as telas eletrônicas e entrega seus ávidos ouvidos aos headphones cada vez mais imperceptíveis. Os conglomerados da era digital elevaram o velho negócio do database marketing à enésima potência, com informações ultraprecisas sobre cada pessoa, e desenvolveram técnicas neuronais para magnetizar os sentidos dos ditos usuários. O negócio deles é o extrativismo do olhar e dos dados pessoais. Isso mesmo: extrativismo digital ou virtual, aquele que se efetiva remotamente. No correr da segunda década do século XXI, os agentes mais sagazes do mercado compreenderam como capturar e monetizar essa entidade chamada "atenção" [...].[10]

Eugênio Bucci esclarece a questão da atenção como possibilidade de monetização. Poderíamos dizer: monitoração para monetização. Isto é, quanto mais dados pessoais cedemos – sem ou com o nosso consentimento –, maior possibilidade as empresas, que atuam como plataforma digitais,

---

10 BUCCI, 2021, n.p., grifo nosso.

têm de monetizar. Assim, o usuário não é apenas usuário, ele é o produto. Essa ideia aparece também na visão de Williams, ao falar do ambiente digital. Para ele, nesse ambiente, "ganhar significa fazer com que o maior número possível de pessoas gaste o máximo de tempo e atenção com o produto ou serviço — em que pese o fato de que, como se costuma dizer na **economia da atenção**, 'o *usuário* é o produto'".[11]

O pesquisador da Microsoft Research New England Tarleton Gillespie reforça esse ponto, ao falar do interesse pelo tempo dos usuários. Diz ele: "sob a perspectiva econômica, toda esta conversa de proteção do discurso e da comunidade encobre o que no final mais interessa para as plataformas: manter o máximo de pessoas no *site* gastando o máximo de tempo possível, interagindo o máximo possível."[12]

Assim, as plataformas digitais, no contexto da economia da atenção, ao identificarem o usuário como produto, fazem com que uma das mais sofisticadas faculdades humanas – a atenção – se transforme em métrica econômica, fazendo parte de sua subjetividade: planilhas. Usuário é um produto. Um produto que produz. Produz dados. Dados. Diferentes de um objeto qualquer, os dados digitais são replicáveis, infinitamente replicáveis. No mundo contemporâneo, os dados digitais possuem a qualidade da ubiquidade, isto é, podem estar em todos ou em muitos lugares ao mesmo tempo.

POPULARIDADE, VISIBILIDADE E O USUÁRIO PERFEITO

Agora, como se não bastassem as plataformas digitais ampliando e apurando suas estratégias de sedução, temos também os próprios usuários trabalhando na lógica da economia da atenção, buscando capturar o

---

11 WILLIAMS, 2021, n.p., grifo nosso.
12 GILLESPIE, 2018b, n.p., tradução nossa.

tempo e a atenção de outros usuários, especialmente quando almejam a popularidade, como em uma rede social digital. Conforme a pesquisadora Raquel Recuero, nesse contexto existem outros valores que "podem ser percebidos como decorrentes de investimento e captura de recursos na rede".[13] Para a autora, a popularidade pode ser entendida como um tipo de valor social e, segundo ela, alguém só consegue ser popular diante de outras pessoas e desde que haja pessoas com menos visibilidade. "A **popularidade** é uma concessão, no sentido de que o ator popular concentra mais capital social, em termos de **atenção** e **visibilidade** de seus pares, do que outras pessoas não populares. Para que alguém seja popular, portanto, é preciso que outros não sejam."[14]

Sobre a questão da popularidade, é importante destacar como o ambiente on-line, das plataformas digitais, pode determinar as relações no espaço off-line, fora delas. Recuero fala sobre as possibilidades trazidas pelas conexões online, que dificilmente seriam possíveis a partir do off-line: "essa quantidade de conexões, que dificilmente o ator terá na vida *off-line* influencia várias coisas. Pode, assim, torná-lo mais visível na rede social, pode tornar as informações mais acessíveis a esse ator. Pode, inclusive, auxiliar a construir impressões de **popularidade** que transpassem ao espaço *off-line*.[15]

Ser um usuário com popularidade, com muitos seguidores, tornou-se um valor entendido como status, inclusive de troca e mercado. Um usuário com popularidade passa a dispor de posição vantajosa em inúmeras circunstâncias sociais. Quantos projetos e trabalhos hoje do mundo off-line levam em conta a popularidade do mundo on-line? Sabemos que esses mundos, on-line e off-line, hoje podem estar tão interligados que já não

---

13 RECUERO, 2017, n.p.
14 RECUERO, 2017, n.p., grifos nossos.
15 RECUERO, 2009, p. 107, grifo nosso.

caberia distanciá-los, o que mostra ainda mais o valor que a popularidade do on-line passa a ter na sociedade. Muitas vezes, essa popularidade conquistada pelos influenciadores digitais acaba inclusive despertando no usuário comum – aquele que não visa ser um influenciador – características de um influenciador, fazendo-se presente mais uma vez a lógica da economia da atenção.

> No Facebook, os internautas procuram sair do anonimato, rivalizam em originalidade ou em humor e passam uma imagem lisonjeira deles mesmos a fim de obter o maior número de likes, de despertar a atenção e o interesse, de serem populares, de se tornarem "minicelebridades". [...] um espaço afetual no qual se exercem jogos de competição simbólica, uma corrida pela estima, pela popularidade, pela sociabilidade virtual.[16]

Considerando a lógica da economia da atenção, poderíamos dizer que o usuário que adere a essa lógica – estimulado ou não pela plataforma –, passando a buscar o tempo e atenção de outras pessoas, se torna, assim, o modelo de usuário perfeito. Pois, além de produzir conteúdo gratuitamente para a plataforma, muitas vezes paga para que seu conteúdo ganhe prioridade na visualização, e assim também tende a ficar mais tempo dentro da plataforma, gerenciando seu conteúdo e fornecendo, queira ou não, dados pessoais, cativando uma audiência que segue e acompanha o seu perfil, isto é, mantendo outros usuários dentro da rede: eis o "usuário perfeito".

Se fôssemos falar sobre o que é um usuário perfeito utilizando estratégias persuasivas como os títulos encontrados nas plataformas digitais, teríamos algo como: "10 formas para se tornar um usuário perfeito"; "O

---

16 LIPOVETSKY, 2020, n.p., grifo nosso.

segredo revelado para se tornar um usuário perfeito"; "Descubra como um usuário comum se tornou um usuário perfeito"; "A verdade por trás dos usuários perfeitos"; "Guia completo para se tornar um usuário perfeito"; "Você não precisa ter um iPhone para se tornar um usuário perfeito"; "Aprenda a se tornar um usuário perfeito com um usuário perfeito"; "Por que eu me tornei um usuário perfeito e por que você deveria se tornar um usuário perfeito"; "Seja um usuário perfeito em uma semana"; "10 grandes erros cometidos na tentativa de se tornar um usuário perfeito (+ 4 dicas)".

Abaixo, "10 características de um usuário perfeito – você se encaixa nelas?":

1) produz conteúdo gratuitamente;
2) cede dados – subjetividade – para as plataformas digitais;
3) mantém-se conectado o máximo de tempo possível;
4) cativa audiência a se manter conectada;
5) promove a plataforma fora da plataforma;
6) paga para o seu conteúdo ganhar destaque;
7) passa a ser exemplo de bem-sucedido, devido à popularidade, estimulando outros a buscar tal circunstância;
8) não faz crítica à plataforma;
9) não considera importante ajustar o item privacidade;
10) costuma, ao participar de um diálogo em grupo off-line, responder questões mostrando vídeos e áudios on-line como contribuições à conversa, trazendo novamente todos para o mundo on-line.

A CONQUISTA DO TEMPO LONGO DE ATENÇÃO

A conquista da atenção longa é uma característica da organização social. Podemos considerar que quanto mais bem-sucedido o avanço social, de mais tempo de atenção longa podemos dispor. Diferentemente dos animais, que, em geral, devem estar continuamente alertas para as ameaças na vida da selva. A contemplação, o tempo demorado sobre um aspecto do cotidiano, é um possível parâmetro de avaliação do avanço social. No caso de um animal selvagem, o tempo longo pode ser raro.

Um animal ocupado no exercício da mastigação de sua comida precisa se ocupar com outras atividades ao mesmo tempo. Precisa cuidar para que, ao comer, ele próprio não acabe comido. Precisa, também, vigiar sua prole e manter o olho em seu(sua) parceiro(a). Atualmente, nos seres humanos, a multitarefa, as notificações constantes em momentos impróprios e a fragmentação do tempo devido às distrações tecnológicas podem remeter ao estado selvagem. O filósofo Byung-Chul Han aborda esse problema:

> Na vida selvagem, o animal está obrigado a dividir sua atenção em diversas atividades. Por isso, não é capaz de aprofundamento contemplativo – nem no comer nem no copular. O animal não pode mergulhar contemplativamente no que tem diante de si, pois tem de elaborar ao mesmo tempo o que tem atrás de si. Não apenas a **multitarefa**, mas também atividades como jogos de computador geram uma atenção ampla, mas rasa, que se assemelha à atenção de um animal selvagem. As mais recentes evoluções sociais e a mudança de estrutura da atenção aproximam cada vez mais a sociedade humana da vida selvagem[17].

O tempo longo de atenção é conquista humana, alargadora de liberdade. Poder se concentrar por bastante tempo em um só aspecto, sem precisar fragmentar a atenção, é uma conquista, em que a criatividade, o afeto e a liberdade podem dar tempo ao tempo, desfrutando de um tempo subjetivo,

---

17 HAN, 2019, n.p., grifo nosso.

íntimo, não ficando refém da exterioridade. Porém, quando preenchemos esse tempo livre e longo com características de alertas constantes, quebrando os mergulhos profundos, tendemos a permanecer apenas no raso, nas águas superficiais, quando poderíamos estar em ambos, o profundo e o superficial.

Daniel Goleman, em seu livro sobre o foco, reforça o quanto a ideia de uma "divisão" da nossa atenção em inúmeras tarefas é uma questão a ser repensada:

> Então, há o que muita gente considera "dividir" a atenção em **multitarefas**, o que a ciência cognitiva nos mostra ser uma ficção também. Em vez de ter um balão de atenção elástico para usar em conjunto, temos um canal fixo e estreito para repartir. Em vez de dividi-la, nós, na realidade, trocamos rapidamente. Essa troca enfraquece a atenção do envolvimento completo e concentrado.[18]

Além de nos remeter à vida selvagem, a relação que o autor faz nos remete também a regiões do mundo onde a guerra e a violência são diárias, por exemplo. Nesses ambientes, o tempo longo de atenção não pode existir. Isso significa que, apesar de muitas conquistas, o tempo longo de atenção ainda é privilégio de alguns, quando deveria ser um direito de todos. E os espaços onde o tempo longo poderia se preservar tendem a ser capturados pela economia da atenção. Uma disputa, não necessariamente através de guerras, mas de sedução. E essa sedução nem sempre terá as melhores consequências para o indivíduo e o coletivo.

Também Christoph Türcke, filósofo alemão, propõe uma imagem para pensarmos a ilusão contida na ideia de "multitarefas". Segundo ele,

---

18 GOLEMAN, 2013, n.p., grifo nosso.

o termo "multitarefa" seria uma "palavra-código" para a ilusão de que seria possível treinar a atenção múltipla, quando, na verdade, o que se pode treinar é uma conversão mais rápida da atenção para outro objeto. Diz: "a tentativa de multiplicá-la, ao contrário, contribui para sua erosão tão certa como a hiperextensão de um tendão para a sua distensão."[19]

O "CACOETE" DA DISTRAÇÃO

Sem percebermos, muitas vezes, já trabalhamos para as máquinas, e não elas para nós. Já trabalhamos para produtos programados, e não eles para nós. Estamos, muitas vezes, a serviço deles, e não eles para nós. Muitas dessas forças maquinais disponibilizam algo que nos serve em um primeiro momento. Porém, com o uso, a situação acaba se invertendo, e de repente somos nós que passamos a servi-las. Assim, na realidade, estamos servindo a empresas que nos prestam serviços através de plataformas algoritmizadas digitais, retribuindo esses serviços – pagando ou não para ter acesso a eles – e prestando, nós também, serviço a elas.

Williams, o ex-estrategista do Google, se pergunta: "o que todas essas máquinas deveriam estar fazendo por mim?" Diz ele, em um relato pessoal:

> Tinha a sensação de estar... **distraído**. Mas era mais do que apenas **"distração"** — aquilo era uma nova e profunda maneira de estar distraído para a qual eu não tinha palavras. [...] Fosse o que fosse, aquela profunda **distração** aparentemente tinha como consequência o exato oposto do que a tecnologia supostamente teria em nossas vidas. Cada vez mais eu me perguntava: "**O que todas essas máquinas deveriam estar fazendo por mim?**" [...] Eu me

---

19 TÜRCKE, 2016, n.p., grifo nosso.

perguntava se, ao projetar as tecnologias digitais, não teríamos cometido o mesmo erro que os contemporâneos de Huxley: se não havíamos deixado de levar em conta nosso "apetite quase infinito por **distração**".[20]

Em geral, é preciso contrair o que denomino aqui o "cacoete" da distração para estar a serviço de tais plataformas. A distração como momento de descontração é fundamental para a saúde, porém, o excesso de distração pode ser prejudicial. De acordo com Williams, as programações persuasivas da **economia da atenção**, além de competir entre si, competem também com a atividade interior dos indivíduos. A exposição continuada a **notificações** pode, segundo ele, criar hábitos mentais que acabam condicionando os usuários a se interromperem, mesmo quando estão longe dos dispositivos. Sobre os danos dessa distração, diz ele:

> Tendemos a ignorar os danos causados pela distração funcional porque seus efeitos parecem pequenos. No entanto, conforme escreve o filósofo Matthew Crawford, 'o grau de distração é o equivalente mental da obesidade'. Sob essa perspectiva, cada distração funcional pode ser comparada ao apelo irresistível daquela batatinha frita além da conta.[21]

Depois de contraído o "cacoete" da distração, da interrupção frequente, hoje considerado, muitas vezes, um comportamento aceitável, quando não somos interrompidos, nós mesmos nos interrompemos, isto é, renunciamos à capacidade do tempo longo de atenção, buscando

---

20 WILLIAMS, 2021, n.p., grifos nossos.
21 WILLIAMS, 2021, n.p., grifo nosso.

"espontaneamente" agora a fragmentação da atenção. Se não há notificações para nos interromper, acessamos as plataformas digitais, sem mais necessidade da existência da notificação. O "cacoete" da distração é isso: a expectativa da notificação ausente, e, por não chegar, apitar, vibrar, piscar, alertar, então vamos atrás da notificação, inventamos uma, antes de ela existir. Entramos, assim, no modo "caça-níquel":

> Seja com uma máquina **caça-níqueis**, seja com um aplicativo projetado para nos "fisgar", como usuários estamos fazendo a mesma coisa: estamos "pagando pela possibilidade de uma surpresa". Nas máquinas **caça-níqueis**, pagamos com nosso dinheiro. Na economia da atenção, com nossa atenção. E, assim como nas máquinas **caça-níqueis**, também com as tecnologias os benefícios – ou seja, produtos e serviços "grátis" – nos são antecipados com entrega imediata, ao passo que pagamos os custos atencionais em pequenas prestações ao longo do tempo. Raramente percebemos como saem caras as coisas que ganhamos de graça.[22]

É como se estivéssemos tão habituados com as notificações nos interrompendo que, quando não interrompidos, vamos atrás delas, nós agora caçamos as notificações.

Passamos a querer ser interrompidos. Nesse contexto caça-níquel, Williams chama atenção também para o volume de notificações diárias recebidas, o que cria uma dinâmica muito específica – e problemática – para o "facho de luz" que é nossa atenção: em seu livro, o autor informa que somente o sistema operacional Android envia, diariamente, mais de **11 bilhões** de notificações para seus mais de um bilhão de usuários em

---

22 WILLIAMS, 2021, n.p., grifo nosso.

seus telefones celulares. Entre elas, estão principalmente as **notificações** de serviços de e-mail, redes sociais e aplicativos móveis.

> Às vezes nossas tecnologias nos ajudam a fazer o que queremos fazer. Outras vezes, não. Quando nossas tecnologias fracassam nesse aspecto, é porque estão ofuscando o "facho de luz" da nossa atenção, o que produz **distrações funcionais** que nos desviam de informações ou ações relevantes para nossas tarefas ou objetivos imediatos. No uso diário, a palavra "**distração**" comumente se refere a essa **distração funcional**. [...] **Distrações funcionais** geralmente têm **notificações**.

Após as interrupções das distrações funcionais, a concentração se torna mais difícil. E os efeitos não se limitam ao tempo perdido no engajamento direto com elas, ou seja, elas acabam prejudicando não apenas as informações que estão sendo absorvidas no momento, mas também a atenção para informações mais reflexivas:

> Quando uma pessoa está em estado de concentração e é interrompida, leva em média 23 minutos para recuperar o foco. Além disso, uma distração funcional no entorno pode tornar mais difícil retornar a atenção ao mesmo ponto do ambiente mais tarde, se algo importante aparecer ali.[23]

As notificações – causadoras de distração – podem, portanto, quebrar inclusive o fluxo da reflexão profunda, ou ainda, da contemplação, da introspecção. Este excesso pode criar hábitos – condicionamentos –,

---

23 WILLIAMS, 2021, n.p.

dificultando a permanência do silêncio interior longo. Afinal, há aquelas descobertas que precisam do tempo longo, da paciência, da contemplação longa, da introspecção profunda, há vozes íntimas que precisam de demora para emergir.

TEMPO: AMPULHETA DA VIDA

Estamos diante da finitude. Sabemos que no Brasil a expectativa de vida é de 76,4 anos. A finitude do tempo coloca nós seres humanos diante do problema da responsabilidade por nossas escolhas. E assim, a temática da economia da atenção nos convida a fazer uma pergunta que na verdade antecede a economia da atenção: onde colocamos a nossa atenção? Onde devemos colocar a nossa atenção? Se a nossa atenção é o recurso ativo do próprio conceito de tempo – é a forma que vivemos a ampulheta da vida –, se entregarmos a nossa atenção e o nosso tempo de forma negligente, será que as consequências serão satisfatórias? No livro *No caos da convivência*, os autores Luís Martino, doutor em Ciências Sociais (PUC/SP), e Ângela Marques, doutora em Comunicação (UFMG), fazem uma provocação com relação à expressão "tempo é dinheiro":

> A razão é simples: se você perde dinheiro, existe a chance de recuperar o que se foi. Mas, quando perde tempo, não há como trazê-lo de volta. O que você faz em um momento está marcado para sempre. Não há como reverter a linha do tempo e reescrever os acontecimentos – embora possa mudar o significado atribuído a eles.[24]

---

24 MARTINO; MARQUES, 2020, p. 77.

A percepção do tempo pode ter diversas interpretações, mas o tempo não é uma invenção humana, enquanto o dinheiro é uma invenção da cultura, é parte de um modo como nos organizamos hoje. O tempo é inexorável. O tempo é um dos principais ativos da vida. A matéria do corpo físico possui um relógio biológico que em algum momento cessará. Trazer à tona a questão do uso do tempo é fundamental para que nossas escolhas sejam mais coerentes com a nossa vontade consciencial e para não ficarmos à mercê de estratégias sedutoras da economia da atenção.

Vale lembrar que nos permitirmos a fruição das mídias digitais como um passatempo escolhido pode ser saudável, o que, segundo Lipovetsky, seria uma necessidade antropológica. Para ele, essas atividades são momentos de descompressão, de relaxamento, algo que toda sociedade deve oferecer. Diz o filósofo:

> Na verdade, essa "parte maldita", não séria, é uma necessidade antropológica; ela permite "respirar", esquecer as preocupações da vida e o peso das responsabilidades individuais. Essas atividades fazem parte das vias do combate do leve contra o pesado, presente em todas as sociedades humanas e das quais o riso, as brincadeiras, as festas, jogos, gracejos, farsas oferecem manifestações bem conhecidas.[25]

Porém, se não nos atentarmos, nosso tempo livre, tempo de fruição, se torna trabalho, por estarmos sempre conectados, ao sermos continuamente solicitados em tempo e atenção. Essa convocação constante opera de forma a nos exigir respostas imediatas, e assim, segundo Martino e Marques, perdemos a virtude de esperar. Nesse contexto em que

---

25 LIPOVETSKY, 2020, n.p.

trabalhamos e entregamos nosso tempo, afirmam os autores: "Quando usamos o tempo livre (comprado, aliás, com o tempo de trabalho) para atender a essas demandas contínuas, mesmo quando parecem interações pessoais, podemos nos perguntar se estamos, de fato, usando nosso tempo *para nós*. Ou perguntar, de fato, quem comanda nosso tempo."[26]

No caso, por exemplo, dos smartphones, vale também a pergunta: ele nos controla ou nós estamos no controle? Lembrando que, quando não estamos conectados, não produzimos dados. No contexto da economia da atenção, já compreendemos que as empresas dependem da produção de dados. E o nosso tempo livre, é claro, estará sendo disputado.

---

26 MARTINO e MARQUES, 2020, p. 77.

2 | A PLATAFORMA DIGITAL E O ALGORITMO

PLATAFORMA DIGITAL

Quando falamos no conceito de plataforma digital, via de regra, entendemos como algo conectado à internet. Segundo os autores de *The platform society*, uma plataforma on-line é "uma arquitetura digital programável projetada para organizar as interações entre usuários – não apenas usuários finais, mas também entidades corporativas e órgãos públicos". Dizem:

> É voltado para a coleta sistemática, processamento algorítmico, circulação e monetização de dados do usuário. [...] Um "ecossistema de plataforma" é um conjunto de plataformas em rede, governadas por um conjunto particular de mecanismos [...] que moldam as práticas cotidianas. O ecossistema ocidental é operado principalmente por um punhado de grandes empresas de tecnologia (Alphabet-Google, Apple, Facebook[27], Amazon e Microsoft), cujos serviços de infraestrutura são centrais para o design geral do ecossistema e a distribuição dos fluxos de dados.[28]

Conforme Nick Srnicek, professor de Economia Digital na *King's College London*, plataformas digitais são, de modo geral, infraestruturas digitais que possibilitam a interação de dois ou mais grupos. Para ele, "embora tecnicamente as plataformas possam existir em formatos não digitais (por

---

27 Meta Platforms, Inc. (anteriormente Facebook, Inc.)
28 VAN DIJCK et al., 2018, n.p., tradução nossa.

exemplo, um shopping center), a facilidade de registrar atividades on-line torna as plataformas digitais o modelo ideal para extração de dados na economia de hoje".[29]

André Lemos, doutor em Sociologia (Paris V, Sorbonne), em *A tecnologia é um vírus*, diferencia os aplicativos de plataformas digitais, explicando a estrutura que se organiza em partes invisíveis de nossos smartphones e serviços cotidianos:

> Olhe para o seu smartphone e você verá muitos aplicativos. Eles são a parte visível, a pele de uma ampla infraestrutura de hardwares e de softwares (máquinas, dados, programas) chamada de **Plataformas Digitais**. O modelo de negócios dessa nova infraestrutura global é desenhado para oferecer serviços (na maioria gratuitos) baseados na captação, análise e inteligência de dados com fins comerciais. Aplicativo e plataforma não são, portanto, a mesma coisa. Aplicativos diversos podem fazer parte de uma mesma plataforma e as plataformas colaboram e se interligam para produzir mais inteligência na análise desses dados. Na ponta do sistema está o usuário, que é levado a fornecer dados diversos, inclusive pessoais, para o uso dos serviços, sendo excitado para se manter engajado e atento à plataforma por meio dos aplicativos.[30]

Como os estudos de plataforma são um assunto em constante transformação, de acordo com Carlos D'Andrea, professor de pós-graduação em Comunicação da UFMG, é importante tomá-los não "como um construto teórico e metodológico rígido e autossuficiente, mas sim como uma

---

29 SRNICEK, 2017, n.p., tradução nossa.
30 LEMOS, 2021, n.p., grifo nosso.

perspectiva analítica em construção e passível de ser incorporada e recriada a partir de diferentes olhares e campos do conhecimento."[31]

A PLATAFORMA DIGITAL E O SHOPPING CENTER

Sabemos que, ao entrarmos em um shopping center, por mais que entremos com uma predeterminada necessidade de compra, vamos passeando por aquele lugar, em que a luz é sempre a mesma e não se sabe se é dia ou noite. As escadas rolantes nos convidam a fazer caminhos orientados à observação de determinadas lojas – nossa faculdade de contemplação é destinada e estimulada a admirar apenas produtos fabricados para consumo –, nos convidam a nos perdermos dentro do shopping, não sabendo ao certo onde nos encontramos, o que faz com que observemos mais lojas. A sensação de segurança traz, também, a sensação de estar à vontade (à vontade, nesse caso, geralmente apenas para aqueles que aparentam ter poder de consumo; à vontade, dentro das regras e costumes sabidos, da cultura de tal shopping center, mas não determinados em lei). Um ambiente condicionado, desde a temperatura até a luz agradável temperada, repleto de vitrines atraentes, com uma *playlist* selecionada com esmero, cheiros emanados por lojas, um chão liso, quando não lisíssimo, e brilhante, sem obstáculos, a não ser algum quiosque de produto, como uma janela *pop-up* que "pula" na tela. Tudo isso com promoções arrasadoras ou lançamentos da última semana e funcionários instruídos a nos atender sorridentes e cheios de disposição, prontos para nos abordar no momento em que "clicarmos" com o pé dentro da loja – às vezes, só de passarmos o *"mouse* do olhar" frente à vitrine, um atendente surge nos convidando a conhecer o produto.

---

31 D'ANDREA, 2020, p. 15.

Entrar em um shopping e sair sem consumir é uma sensação que esbarra na frustração, como entrar em um restaurante e nada pedir para comer e ficar olhando a decoração ou conversando com garçons. A diferença de uma plataforma digital para um shopping center é que este, como já diz o nome em tradução literal do inglês, é um centro comercial, um centro de compras. No entanto, muitas das plataformas digitais, como as de relacionamento e entretenimento, inicialmente prestam serviços. Nem sempre temos essa clareza, de que se trata de um espaço de consumo: uma pessoa, como uma criança, ao entrar no TikTok, não imagina que a plataforma tenha como um de seus objetivos ser um shopping, assim como o Facebook, para um usuário adulto, quer também ser um centro de compras e não apenas um "espaço" de encontrar velhos amigos.

Outra diferença entre plataformas e shoppings é que quando entramos nessas plataformas digitais, muitas vezes somos obrigados a fazer um cadastro, dando todos nossos dados, ou parte deles, para termos direito a entrar na plataforma "shopping center" digital, isso quando não escrevemos uma parte da nossa biografia. Assim, deixamos essas informações disponíveis para as próprias plataformas "shopping centers" digitais, para as lojas que lá se encontram. É como se déssemos autorização para um investigador ficar nos seguindo, colhendo o máximo de informações pessoais nossas, não apenas dentro do "shopping center", mas muitas vezes fora dele – pois nem sempre conseguimos dar limite na configuração de privacidade.

Como vimos, é possível fazer diversas associações entre plataformas digitais e shoppings centers. Tais características remetem ao conceito de não-lugar do antropólogo e etnólogo Marc Augé. Segundo ele, "os **não--lugares** são tanto as instalações necessárias à circulação acelerada das pessoas e bens (vias expressas, trevos rodoviários, aeroportos) quanto os próprios meios de transporte ou os **grandes centros comerciais**".[32] O autor diz ainda: "se um lugar pode se definir como identitário, relacional e histórico, um espaço que não pode se definir nem como identitário, nem como relacional, nem como histórico definirá um **não-lugar**."[33]

Se para Augé os grandes centros comerciais são não-lugares – isto é, espaços que não podem ser definidos nem como identitários, nem como relacionais, nem como históricos –, as plataformas digitais, poderíamos dizer, tendem a dialogar com esse conceito também, expressas não em pisos lisos, onde os pés desfilam, mas em lisas telas onde os dedos e os olhos caminham. E assim, vivemos em pontas de dedos, onde a nossa singular digital encontrou seu universo, o universo digital.

PLATAFORMIZAÇÃO DA WEB E APIs

Antes de continuar, vale aqui fazer uma breve síntese sobre o conceito de plataformização da web e a importância das APIs, que são as Interfaces de Programação de Aplicativos (*Application Programming Interfaces*, em inglês). É praticamente impossível observar os ambientes comunicacionais sem considerar as práticas sociais de apropriação que acontecem neles. No entanto, essas práticas são condicionadas por determinadas materialidades que também precisam ser consideradas. Girardi Júnior, doutor em Sociologia pela Universidade de São Paulo, nos lembra que a internet deixou aos poucos de ser vista como uma "configuração comunicativa centrada em uma arquitetura de rede distribuída, aberta e colaborativa para se tornar um espaço de plataformização e, consequentemente, de desenvolvimento de aplicativos para essas plataformas."[34]

---

32 AUGÉ, 1994, p. 36, grifos nossos.
33 AUGÉ, 1994, p. 73, grifo nosso.
34 GIRARDI JÚNIOR, 2021, p. 6.

Esse movimento de plataformização e dataficação que vem ocorrendo desde 2005 transforma consideravelmente os ambientes comunicacionais contemporâneos. Para a professora associada de Mídia, Dados e Sociedade da *Utrecht University* Anne Helmond, o termo plataformização, se refere à "emergência da plataforma como modelo econômico e infraestrutural dominante da web social, bem como às consequências da expansão das plataformas de mídias sociais em outros espaços online"[35]. Nesse processo, um ponto central é a oferta de APIs, transformando os sites de redes sociais em plataformas de mídias sociais. Sendo mais claro: as plataformas promovem sua programabilidade para descentralizar a produção e recentralizar a coleta de dados.

> Uma API é uma interface proporcionada por um aplicativo, que possibilita aos usuários interagirem com — ou em resposta a — dados ou solicitações de outros programas, outros aplicativos ou websites. As APIs facilitam a troca de dados entre os aplicativos, possibilitam a criação de novos aplicativos, e constroem a base para o conceito de "web como plataforma".[36]

Para o processo de plataformização, as APIs foram, portanto, um ponto crucial, ou seja, a abertura desses espaços para a atuação de desenvolvedores de aplicativos voltados para plataformas de serviços específicas. Vamos a um exemplo prático, trazido por Helmond em seu artigo "A plataformização da web" :

---

35 HELMOND, 2019, p. 61.
36 MURUGESAN, 2007, p. 36 apud HELMOND, 2019, p. 56.

> [...] o Facebook é uma plataforma porque ele disponibiliza uma API, que pode ser usada por desenvolvedores e proprietários de sites para construírem novos serviços no Facebook e integrarem novos web-sites e aplicativos aos dados e às funcionalidades do Facebook. O aplicativo de encontros *Tinder* é um exemplo de um aplicativo que foi feito sobre a plataforma do Facebook: ele requer que os usuários façam o login com o Facebook, e se utiliza de dados do próprio Facebook, tais como curtidas e amigos em comum, para encontrar potenciais parceiros. Outra maneira de integração com o Facebook é demonstrada pelo ato de implementar funcionalidades específicas dessa plataforma, como o botão curtir (*like*), em outras páginas/sites.[37]

Para se ter uma ideia, de acordo com Liu[38], mais de 30 milhões de aplicativos e websites foram integrados com a plataforma do Facebook, números que demonstram não apenas o poder da plataforma, mas também o valor das APIs em uma economia atravessada por dados.

A TENDÊNCIA À MONOPOLIZAÇÃO DAS PLATAFORMAS DIGITAIS

O impasse que desejamos apresentar sobre as plataformas digitais, principalmente, mas não só, no caso das redes sociais digitais, vinculado à economia da atenção, é que elas só existem se houver pessoas dentro da plataforma e interagindo —mesmo sabendo que há um número considerável de usuários não-humanos na rede, isto é, robôs se passando por pessoas.

---

37 HELMOND, 2019, p. 56.
38 LIU, 2015 apud HELMOND, 2019, p. 56

E esse interesse em concentrar e manter as pessoas nas plataformas é a base de modelo de negócio.

Nesse sentido, sabemos que no mercado de redes sociais digitais a competição é grande e as estratégias de domínio são, muitas vezes, agressivas. Vale atentarmos para mais alguns dados e números considerando o caso do Facebook, afinal, de acordo com o portal de dados e estatísticas Statista:

> Com cerca de 3 bilhões de usuários ativos mensais a partir do segundo trimestre de 2023, o Facebook é a rede social on-line mais usada em todo o mundo. A plataforma ultrapassou os 2 bilhões de usuários ativos no segundo trimestre de 2017, levando pouco mais de 13 anos para atingir esse marco. Em comparação, o Instagram, de propriedade da Meta, levou 11,2 anos, e o YouTube, do Google, levou pouco mais de 14 anos para atingir esse marco. [...] A Meta é a empresa controladora recentemente renomeada do Facebook e teve um total de 3,59 bilhões de usuários de produtos principais no último trimestre de 2021. Outros produtos da Meta incluem Instagram, Facebook Messenger, WhatsApp e Oculus.[39]

Uma vez que as plataformas funcionam como "jardins murados", se cada pessoa que conhecermos estiver em uma rede social digital diferente, seriam bem mais complexas as formas de interação. Assim, para fins econômicos muito específicos, é necessária a presença dos usuários em um mesmo lugar. A noção de "redes sociais" em ambientes comunicacionais contemporâneos, baseados em plataformas e dataficação, ganha uma definição muito particular. Como nos lembra Martino, apesar do uso geralmente vinculado à ideia de agrupamentos sociais online, se trata na

---

39 Tradução nossa.

verdade de um conceito desenvolvido pelas Ciências Sociais para explicar alguns tipos de relação entre pessoas.

> O uso da noção de "redes sociais" no ambiente da internet significa transpor um modelo de análise social para o espaço virtual, o que requer algumas mudanças no conceito. O primeiro problema é a definição de um nome. Nesse sentido, vários autores desenvolvem sua maneira de compreender e nomear o fenômeno – "redes sociais online", "redes sociais digitais", "redes sociais conectadas", e assim por diante.[40]

Vale lembrar que as redes sociais restritas e pequenas podem ter, sim, sua atratividade – por isso, por exemplo, a função "grupos" no Facebook –, mas aqui deixaremos esse aspecto de lado.

Trazendo como exemplo a Amazon, o pesquisador e escritor bielorrusso Evgeny Morozov alerta que essa característica não é um valor apenas para as redes sociais digitais, mas, no caso da plataformização, assume uma forma muito particular. Segundo ele, são raros os setores que poderão se manter intocados pela existência das plataformas digitais. As mais conhecidas atualmente são monopólios impulsionados principalmente pelos efeitos em rede de um serviço que ganha valor conforme a quantidade de usuários, sendo justamente esse o motivo de tamanho acúmulo de poder: "a Amazon está em permanente queda de braço com as editoras – e não há outra Amazon a que as editoras possam recorrer."[41]

Esse fenômeno não nasce com as plataformas digitais, mas com elas se alarga, pois enquanto na geografia física é necessário ir a um local com

---

40 MARTINO, 2014, n.p.
41 MOROZOV, 2018, n.p.

o corpo físico, hoje carregamos esse local virtualmente no bolso, em uma geografia virtual, o que faz aumentar a possibilidade de concentração em monopólios. Kai-Fu Lee, especialista em inovação tecnológica e ex-presidente da Google China, fala também sobre possíveis efeitos futuros dessa concentração em poucas empresas que são fortalecidas nesse contexto, que promove um "círculo virtuoso" que fortalece os melhores produtos e as melhores empresas: "mais dados levam a produtos melhores, o que por sua vez atrai mais usuários, que geram mais informações, que melhoram ainda mais o produto." A combinação de dados e dinheiro, para Lee, também acaba atraindo os grandes especialistas e talentos da inteligência artificial para essas empresas, e tudo isso aumenta "a distância entre os líderes do setor e os retardatários". Sobre essa concentração, diz ele:

> No passado, o domínio dos bens físicos e os limites da geografia ajudaram a controlar os **monopólios** dos consumidores. (As leis antimonopólios dos Estados Unidos também não prejudicaram.) Mas, no futuro, os bens e serviços digitais continuarão consumindo fatias maiores do bolo de consumidores, e os caminhões e drones autônomos reduzirão drasticamente o custo do transporte de bens físicos. Em vez de uma dispersão dos lucros da indústria em diferentes empresas e regiões, começaremos a ver uma concentração cada vez maior dessas somas astronômicas nas mãos de poucos, enquanto as filas de desempregados ficarão mais longas.[42]

Uma rua, um parque, uma praça são espaços públicos. Neles, é possível encontrar atividades comerciais específicas, como uma feira-livre semanal e lojas de determinado segmento concentradas em uma rua – vide a rua

---

42 LEE, 2019, n.p., grifo nosso.

Teodoro Sampaio, na cidade de São Paulo, e sua concentração de lojas de instrumentos musicais. Nesse caso, por mais que haja uma tendência a unir serviços e produtos em um mesmo lugar, a monopolização é dificultada porque há o elemento público presente e a questão do espaço físico.

Como de costume, para uma pessoa interessada, por exemplo, em comprar um instrumento musical, é mais confortável ir a apenas um local, como a rua Teodoro Sampaio, onde poderá ter mais opções e negociações. A diferença entre uma Amazon e uma rua Teodoro Sampaio é que a Amazon se tornou um tipo particular de espaço "público", onde os usuários podem encontrar diversos tipos de "lugares" e experiências. Já a rua Teodoro Sampaio é uma rua pública – "plataforma pública" – onde se encontram as lojas privadas, limitada pelo espaço físico. O que é particular nesses novos "espaços" é que eles passam a controlar uma espécie de rota de suprimentos de dados comportamentais, de extração de valor dos seus usuários. Sobre essa nova forma de monopólio, diz Shoshana Zuboff, professora emérita da Harvard Business School, em seu livro *A era do capitalismo de vigilância*:

> Tradicionalmente, **monopólios** sobre bens e serviços desfiguram mercados ao eliminar de forma injusta a concorrência a fim de aumentar os preços de acordo com a própria vontade. Sob o capitalismo de vigilância, contudo, muitas das práticas definidas como **monopolistas** na realidade agem como meios de açambarcar suprimentos de matéria-prima derivados dos usuários. Não há um preço monetário a ser pago pelo usuário, apenas uma oportunidade para a companhia de extrair dados. Práticas de açambarcamento não se destinam a proteger nichos de produtos, e sim proteger rotas de suprimento críticas para a mercadoria não regulada que é o superávit comportamental. Em outra época, atores de mercado vigaristas poderiam controlar mercados de cobre e magnésio, mas

na nossa época é o superávit comportamental o que se encontra em questão. A corporação impede de maneira desonesta seus concorrentes no campo da busca para proteger o domínio sobre sua rota de suprimento — o que é o mais importante —, não para fixar preços. [...] Nesse quadro, somos nós que somos "**monopolizados**".[43]

A questão do monopólio pode ser fortalecida quando dispõe de vasta matéria-prima de dados, isto é, dados dos usuários, mas esse modelo não é o único. Há, ao mesmo tempo, no digital, espaços e projetos como a enciclopédia multilíngue Wikipédia, onde os mais de 60 milhões de artigos (sendo mais de um milhão só em português)[44] disponíveis em mais de 300 idiomas[45] foram escritos de forma conjunta por diversos voluntários ao redor do mundo.

TRABALHO GRATUITO, MAIS-VALIA 2.0 E OS "JARDINS MURADOS"

Partimos do pressuposto de que estamos vulneráveis a novas e – por que não também? – antigas tecnologias que dependem da nossa audiência. Afinal, antes do advento da internet civil, muitos negócios dependiam da audiência de um público para existir. Aqui, vale mencionar o aumento da vulnerabilidade da nossa relação com a tecnologia. Isso é algo que se intensifica com o surgimento de empresas que atuam como plataformas digitais que, no contexto da "economia da atenção", através de cálculos algorítmicos visando à personalização da experiência,

---

43 ZUBOFF, 2020, n.p.
44 WIKIPEDIA. Disponível em: https://pt.wikipedia.org/wiki/Wikip%C3%A9dia. Acesso em 22 set. 2024.
45 WIKIPEDIA. Disponível em: https://en.wikipedia.org/wiki/Wikipedia. Acesso em 22 set. 2024.

têm como um dos seus principais ativos os dados produzidos por nós usuários, objetivando o lucro através do produto, muito bem cuidado e administrado, chamado usuário.

Afinal, de onde viria o lucro que justifique o investimento de bilhões de dólares de certas empresas? A partir daí entramos no conceito de mais-valia 2.0., apresentado por Marcos Dantas, professor da Escola de Comunicação da UFRJ:

> Nas indústrias culturais mediatizadas, o processo de produção de valor envolve tanto o trabalho de seus trabalhadores imediatos (artistas, jornalistas etc.), quanto o tempo de mobilização das audiências numa relação interativa e participativa com os eventos espetaculares (no sentido de Débord) postos nessa relação. Esse trabalho da audiência tornou-se mais evidente nos comentários e postagem em blogs e sítios de grande evidência e nas inocentes conversas coloquiais em "redes sociais". Deste trabalho é extraído um valor que se expressa em muitas formas de "monetização", gerando um lucro nascido exatamente de trabalho absolutamente não pago apropriado pelo capital. Esta forma de apropriação pode ser entendida como "**mais-valia 2.0**": apropriação de trabalho não pago, literalmente gratuito, através de um sistema de agenciamento social, via meios eletrônicos de comunicação, lineares ou reticulares, que incorpora, na produção de valor, bilhões de pessoas que estariam aparentemente se divertindo ou cuidando de suas atividades profissionais.[46]

---

46 DANTAS, 2014, p. 86, grifo nosso.

Consumir é produzir dados. Viver é produzir dados. Nossa vida particular está se tornando um espaço de dados analisáveis, sem "direito autoral", sem direito do autor. Nossa biografia faz parte da bibliografia encontrada nas prateleiras eletrônicas de servidores, que se encontram frequentemente em fazendas de servidores (*server farms*). Biblioteca de biografias em que o protagonista-autor não pode ter direito sobre a própria história. Direito incipientemente regulamentado que ainda não garante a privacidade do autor e o uso dos próprios dados autobiográficos. Diz Dantas:

> [...] cliques de busca, os perfis pessoais, o conteúdo dos e-mails, as situações das fotos, toda essa animada e mediaticamente estimulada "rede social" fornece para os servidores das grandes corporações e seus sofisticados algoritmos de rastreamento, registro e análise, dados extremamente precisos sobre gostos, vontades, expectativas, de um "consumidor" assim individualizado. É o consumo produzindo a produção em tempo real, com uma precisão inaudita.[47]

O autor também nos recorda que o capital estreita a distância espaço-temporal entre o *momento* da produção e o *momento* do consumo, fazendo emergir a *aparência* do "prossumidor"[48], termo de Alvin Toffler que abordava, antes do avanço da internet como a conhecemos hoje, a tendência à crescente superação das diferenças entre "produtores" e "consumidores".

E esse usuário – esse "prossumidor" – onde ele habita?

---

47 DANTAS, 2014, p. 95.
48 DANTAS, 2014, p. 93.

[...] nova forma de organização total de sua cadeia de produção, replicação e entrega: os **jardins murados** ("walled gardens") (DANTAS, 2010; 2011; 2013). Trata-se de um modelo de negócios que acorrenta o desfrute do valor de uso semiótico (nas suas formas de espetáculos, videojogos, notícias etc.) a um terminal de acesso conectado a um canal criptografado de comunicação. Exemplo paradigmático é o sistema iPod/iTunes da Apple, através do qual o "consumidor" paga pela licença para baixar músicas e vídeos. A TV por assinatura e seus pay-per-views, os smartphones das operadoras de comunicações móveis, [...] são outras variações de "**jardins murados**". Essencialmente, essas tecnologias são desenvolvidas para eliminar os tempos de replicação e distribuição, mas, ao mesmo tempo, para condicionar culturalmente a sociedade a pagar, seja por alguma assinatura mensal para desfrute de um serviço, seja pelo acesso, por peça unitária ou por tempo delimitado, a filmes, músicas, espetáculos esportivos, livros etc.[49]

Essas plataformas são, assim, como "jardins murados" que frequentamos, mas não apenas em uma tarde de sol. Estamos neles o tempo todo. Nos sentimos bem dentro dos "jardins murados", mas são murados, à parte do ecossistema, controlados, monitorados. Quando adentrarmos, desfrutemos sabendo das condições – logo, condicionamentos – a que estamos suscetíveis.

A filósofa e teórica política Hannah Arendt afirma que a condição humana compreende mais que as condições nas quais a vida foi dada ao homem. Segundo ela, os homens são seres condicionados, pois tudo com que "travam" contato se torna, imediatamente, uma condição de sua existência. Escreve Arendt:

---

49 DANTAS, 2014, p. 92, grifos nossos.

O mundo no qual transcorre a vita activa consiste em coisas produzidas pelas atividades humanas; mas as coisas que devem sua existência exclusivamente aos homens constantemente condicionam, no entanto, os seus produtores humanos. Além das condições sob as quais a vida é dada ao homem na Terra e, em parte, a partir delas, os homens constantemente criam suas próprias condições, produzidas por eles mesmos, que, a despeito de sua origem humana e de sua variabilidade, possuem o mesmo poder condicionante das coisas naturais. O que quer que toque a vida humana ou mantenha uma duradoura relação com ela assume imediatamente o caráter de condição da existência humana. Por isso os homens, independentemente do que façam, são sempre seres condicionados. Tudo o que adentra o mundo humano por si próprio, ou para ele é trazido pelo esforço humano, torna-se parte da condição humana. O impacto da realidade do mundo sobre a existência humana é sentido e recebido como força condicionante.[50]

Isso posto, como explicita Arendt, as condições condicionam. A cada nova conjugação – ser humano, tecnologia –, novos condicionamentos. Tais condicionamentos não são, *a priori*, ruins, tampouco bons, isso dependerá da equação entre sujeito "x" e tecnologia "y". Uma tecnologia é uma ferramenta, e, sabendo utilizá-la, é possível alargar o potencial humano, suas faculdades e contentamento, ou minguar o potencial existente, obstruindo suas faculdades, afligindo-o, ou pode também nada ocorrer (embora essa última opção nos pareça improvável).

---

50 ARENDT, 2015, p. 11-12.

ALGORITMOS

Os algoritmos, muitas vezes, de nada servem se não tiverem dados. São os dados que permitem às empresas valerem milhares de milhões de reais, dólares, libras, yuans, euros. Coletar, armazenar e analisar dados, para então, compreendendo-os, gerar, dentre outras possibilidades, modelos preditivos. É nos dados coletados e armazenados que os algoritmos se baseiam para analisar, compreender e orientar ações. Quanto mais dados e mais sofisticação na lógica algorítmica para lidar com esses dados, melhor para as plataformas digitais/empresas. Mas, afinal, o que são algoritmos?

De acordo com Gillespie, em sentido amplo, os algoritmos são "procedimentos codificados que, com base em cálculos específicos, transformam dados em resultados desejados. Os procedimentos dão nome tanto ao problema quanto aos passos pelos quais ele precisa passar para ser resolvido"[51]. E Langlois contribui:

> Os **algoritmos** projetados para calcular o que "está em alta", o que é "tendência" ou o que é "mais discutido" nos oferecem uma camada superficial das conversas aparentemente sem fim que estão disponíveis. Juntos, eles não só nos ajudam a encontrar informações, mas nos fornecem meios para saber o que há para ser conhecido e como fazê-lo; a participar dos discursos sociais e políticos e de nos familiarizarmos com os públicos dos quais participamos. Além disso, são hoje uma lógica central que controla os fluxos de informação dos quais dependemos, com o "poder de possibilitar e atribuir significados, gerenciando como a informação é percebida pelos usuários, a 'distribuição do sensível'".[52]

---

51 GILLESPIE, 2018a, p. 97.
52 LANGLOIS, 2013 apud GILLESPIE, 2018a, p. 97, grifo nosso.

Já na perspectiva de Van Dijck, professora de Mídia e Sociedade Digital na Universidade de *Utrech*, um algoritmo, na ciência da computação, é "uma lista finita de instruções bem definidas para o cálculo de uma função, uma diretiva passo a passo para processamento ou raciocínio automático que orienta a máquina a produzir uma determinada saída a partir de uma determinada entrada."[53]

Ainda, conforme d'Andrea, em termos funcionais, "um **algoritmo** é muitas vezes definido como uma sequência de instruções de programação escrita para cumprir tarefas pré-determinadas, ou seja, para transformar dados em resultados". Segue o autor:

> De forma recorrente, o termo "**algoritmo**" vem sendo convocado, nos últimos anos, para se enfatizar a dimensão política das plataformas online, que chegam a ser chamadas de "plataformas algorítmicas". (CASTRO, 2019) Lucas Introna (2016) apresenta dois dos motivos pelos quais os **algoritmos** são tomados como "poderosos" e "perigosos": o fato de serem "impenetráveis" e "executáveis". Em geral, não se pode inspecionar seu funcionamento, e, mesmo tendo acesso ao seu código-fonte, é improvável que se possa efetivamente examinar todas as ações possíveis. [...] Na síntese da autora [Taina Bucher], os **algoritmos** não são entidades estáticas, mas "processos em desenvolvimento, dinâmicos e relacionais, articulando um conjunto complexo de atores, humanos e não humanos".[54]

---

53 VAN DIJCK, 2013, p. 30, tradução nossa.
54 D'ANDREA, 2020, p. 31-32.

Assim, um algoritmo é um arranjo complexo que se organiza em uma sequência de ações para solucionar um problema. Esse algoritmo é escrito em códigos, isto é, em uma linguagem de programação com o objetivo de encontrar, ordenar, processar dados e, com isso, dar aos computadores, inclusive, a habilidade de "aprender" com esse processo, o que chamamos de *machine learning*. No *machine learning*, ou aprendizado de máquina, quanto mais dados uma máquina recebe e processa, mais aumenta a possibilidade de sofisticação do algoritmo e das modulações geradas a partir dele.

BOLHA ALGORÍTMICA: FILTRO BOLHA E A SOCIEDADE DA REDUNDÂNCIA

É necessário termos clareza de que as interações nas plataformas dependem de determinadas lógicas de circulação que a maioria dos usuários ainda desconhece, embora tenhamos cada vez mais contato com essa informação por artigos nos meios de comunicação, por exemplo.

Dois usuários diferentes realizando uma mesma pesquisa em um buscador na web podem ter resultados bem diversos, sendo, em alguns casos, completamente opostos, o que pode, conforme Gillespie, minar a nossa percepção de fazermos parte de um mundo complexo e diverso. Para o autor, mesmo nossos esforços em ser "cidadãos envolvidos" podem estar sendo prejudicados pela forma como funcionam os algoritmos de informação e pelo modo que escolhemos navegar por eles:

> A capacidade de personalizar resultados de pesquisa e notícias online foi a primeira, e talvez melhor articulada, dessas preocupações. Com as ferramentas de busca contemporâneas, os resultados que dois usuários recebem para a mesma busca podem ser bem diferentes; em um serviço de notícias ou em uma rede social, as

informações oferecidas podem ser adaptadas especificamente às preferências do usuário (pelo usuário ou pelo provedor), de modo que, na prática, as histórias apresentadas, como as mais importantes, podem ser tão distintas de usuário para usuário que não exista sequer um objeto comum de diálogo entre elas.[55]

Assim, devemos chamar a atenção para os riscos do "filtros bolha" dos serviços algorítmicos. Na avaliação de muitos teóricos da área, tamanho nível de personalização pode trazer prejuízo à diversidade do conhecimento e ao diálogo político: "Somos levados – por algoritmos e por nossa própria preferência pelos que pensam de forma semelhante – para dentro de **'filtros bolha'**, onde encontramos apenas as notícias que esperamos encontrar e as perspectivas políticas que já nos são caras."[56]

O "filtro bolha" também pode ter interesses políticos e comerciais, como nos lembra Marcelo Santos, doutor em Comunicação e Semiótica (PUC/SP):

> [...] ignora a lógica de circulação de informações nas plataformas, orquestrada por algoritmos que atendem, antes de interesses públicos, agendas obscuras de empresas e grupos políticos cheios de dinheiro para impulsionar postagens, que automatizam a esfera pública digital a despeito de sua aparente horizontalidade e diversidade (PASQUALE, 2017). E criam as chamadas **bolhas** (PARISER, 2012) onde, longe da esperançosa e naturalizada (PRADO, 2000) — ou pueril — Sociedade da Informação (CASTELLS, 1999) sobressai-se uma "**Sociedade da Redundância**", em que temos contato, prioritariamente, com o que já sabemos, um espé-

---

55 GILLESPIE, 2018a, p. 114.
56 GILLESPIE, 2018a, p. 114, grifo nosso.

cie de feedback do controle. E não com a novidade, trazida apenas pelo ruído.[57]

As consequências dessa lógica algorítmica podem ter reflexos na saúde mental da população e afetar alguns princípios básicos da convivência democrática. Sobre isso, diz Ferreira, doutor em psicologia pela PUC/SP, em seu artigo "Perigos da inteligência artificial":

> Toda vez que você fica irritado e pensa "como tem gente que ainda pensa assim?" é ponto para a manipulação. Você recebeu tanta notícia que confirmava sua opinião que você não suporta ouvir alguém que pense diferente. Você recusa a possibilidade do outro jeito de pensar e isso é uma agressão à saúde mental. Isso aponta para o fim da convivência social, porque cada um de nós pensa diferente e a riqueza da diversidade é recusada. Essa criação das **bolhas** vai se acirrando até um nível em que a convivência democrática fica arriscada, porque os grupos vão se cristalizando e vai surgindo uma lógica de raiva e até ódio entre os grupos. Porque as pessoas acham que quem pensa diferente nem vale a pena conversar. Vamos alimentando o ódio, o que é a grande ameaça para a nossa convivência democrática. Precisamos voltar à ideia de que debater seja bom, poder nos relacionar com as diferenças de forma a construir consensos.[58]

Chegamos a viver, conforme Santos, em uma "Sociedade da Redundância", com indivíduos repletos de excesso de si mesmos. Um excesso de autocentramento. Não que isso seja um efeito dos algoritmos apenas.

---

57 SANTOS, 2020 p. 9-10, grifos nossos.
58 FERREIRA, 2021, p. 303-304, grifo nosso.

É comum a busca por "bolhas" antes da internet: clubes, condomínios fechados, espaços ideológicos, restaurantes distintos, comunidades fechadas, associações, grupos que dependem de convites etc. O ponto é que com o advento de determinadas plataformas digitais, que têm como lógica a busca por agradar o usuário, privilegiando um conteúdo em detrimento de outro, dificilmente o usuário esbarrará com o seu "diferente" rotineiramente, enquanto em um parque público de domingo, por exemplo, se torna mais provável encontrar diversidade.

A bolha algorítmica, que construímos sem intenção ao navegar por determinadas plataformas, traz um paradoxo: quanto mais livremente frequentamos as vastas possibilidades da internet, mais limitados tendemos a ficar.

E quais seriam as consequências de vivermos murados?

Bem, para responder a essa pergunta, podemos imaginar como seria se a internet (plataformas digitais) fosse uma casa ou uma vila customizada. Quanto mais a utilizássemos, mais confortável ela se tornaria, menos esforço haveria para nela viver, e com o tempo a tendência seria: menos possibilidade de sair do já-sabido, do lugar-comum, diminuindo a diversidade, aumentando a redundância, aumentando a polaridade por desconhecer outros pontos de vista, aumentando a passividade, seja nas plataformas, seja na vida. Também, se um dia chegasse em nossa casa ou vila um forasteiro, qual seria a nossa postura frente a ele? Teríamos predisposição para sair do ambiente com sensação de segurança e conforto e acolhê-lo ou nós o rejeitaríamos, por não acreditarmos que pudessem existir pessoas tão estranhas à nossa coerente vila, nossa coerente casa, nossa coerente bolha?

Ponto fundamental nessa realidade da bolha é saber que, dependendo do primeiro clique, da primeira busca que o usuário faz na internet, seja no Google, Facebook, Yahoo, Instagram, talvez nunca mais apareçam para esse usuário determinadas informações, pois aquele primeiro clique ou busca traça um perfil, determina e sublinha um caminho de tendências e risca possibilidades, assuntos e potenciais interesses. Além disso, dependendo da localização e do aparelho que se utiliza para a conexão – que muitas empresas hoje conseguem identificar –, esse filtro antecede, inclusive, o primeiro "clique", pois a localização, assim como o equipamento utilizado (marca, modelo, preço), já é considerada parâmetro para que a segmentação ocorra.

Eli Pariser, divulgador dessas ideias, autor do livro *The Filter Bubble: What the Internet Is Hiding from You* (O Filtro Bolha: O que a Internet está escondendo de você[59]), encerra uma de suas palestras com a seguinte fala:

> Pois eu penso que realmente precisamos que a internet seja aquela coisa que todos sonhamos que ela fosse. Precisamos que ela conecte a todos nós. Precisamos que ela nos introduza em novas ideias, novas pessoas e diferentes perspectivas. E ela não fará isso se nos deixar isolados em uma "rede de um".

BOLHA ALGORÍTMICA: A FIXAÇÃO DAS CRENÇAS

Nesse contexto de bolhas, Santos chama a atenção para o fato de que as redes sociais, por exemplo, confirmariam nosso estado de crença. Ao mencionar a obra de Charles Peirce *A fixação das crenças*, de 1877, segundo ele absolutamente atual, diz: "diante de um estado de irritação ocasionado pela dúvida, buscamos ancoragem em ideias fixas, calmas. E assim

---

59 Tradução livre.

confortantes."[60] As ideias de Peirce estariam, mais de um século depois, presentes nos comportamentos do ambiente digital:

> Peirce nos lembra que o desgosto de um estado mental indeciso, exagerado num vago receio da dúvida, faz as pessoas se agarrarem a posições já tomadas. Mesmo em nossas interações on-line, tal situação não é diferente. Portanto, haveria uma inclinação de nossa parte de privilegiar relações e informações nas redes sociais que confirmariam nosso estado de crença.[61]

Ou seja, estamos inclinados a aceitar aquilo que dialoga com as nossas crenças e conveniências. Santos sintetiza, a partir de Peirce, os quatro métodos de fixação das crenças:

> Há, para Peirce, quatro métodos através dos quais as crenças se estabilizam ou se consolidam na mente das pessoas: tenacidade, autoridade, *"a priori"* e, por fim, o método científico. Os três primeiros, segundo Romanini e Ohlson (2018, p.69), não apenas apaziguam o dissabor da dúvida, como também, efeito adverso, [...] impedem a busca da verdade: o método da tenacidade, quando o indivíduo se apega a determinada crença por uma mera afinidade ou apreciação estética e então "fecha os olhos" para toda e qualquer evidência que a refute como forma de permanecer no estado de conforto alcançado por sua cara ilusão; o método da autoridade, ou dogmático, que transfere a uma instituição externa o poder de ditar o que é verdadeiro e, com isso, justificar a sua crença; e o método a priori, que é aquele em que o indivíduo assume como

---

60 SANTOS, 2020, p. 11.
61 FRANCO; BORGES, 2017, p. 56 apud SANTOS, 2020, p. 11.

verdadeiro um sistema de proposições universais e passa a aceitar apenas os fatos da experiência que se conformam às conclusões previamente aceitas.[62]

Assim, o que se tem é que quando uma pessoa quer se convencer de algo, ela pode estar se vinculando a algo ou a alguém (a partir desses quatro métodos) que mais fará sentido para ela naquele momento. Para pensar o modo de funcionamento das plataformas digitais em relação às crenças, imaginemos quatro exemplos sobre uma mesma circunstância, considerando esses métodos:

1) *método tenacidade*: se uma pessoa consome muito café e não quer parar de tomá-lo, assiste a vídeos de dois diferentes influenciadores no Instagram sobre café, o primeiro dizendo que faz mal e o segundo que faz bem, e ela tende a concordar com o segundo, porque lhe convém;

2) *método centrado na autoridade,* ou *dogmático*: se trocarmos os influenciadores do exemplo anterior por instituições ou pessoas que representam instituições nas plataformas, o resultado tenderia a ser o mesmo;

3) *método "a priori"*: se alguém, um médico, por exemplo, alertar uma pessoa que consome muito café – e que não deseja parar de tomá--lo – sobre os riscos do consumo em excesso, ela poderá dizer algo como "na roça as pessoas tomam café todo dia e vivem muitos anos", sendo capaz de argumentar arbitrariamente a favor da sua tese, alegando coisas como "isso é a indústria do achocolatado

---

62 SANTOS, 2020, p. 11.

querendo fazer com que as pessoas parem de tomar café e consu-
mam os seus produtos";

4) *método científico*: por fim, a pessoa que, mesmo consumindo muito
café e que não deseja parar, ao ler um artigo científico ou ser re-
preendida por um médico, afirma que sabe que está errada, mas
continuará tomando café porque é a sua vontade, mesmo sabendo
dos possíveis benefícios e malefícios.

Esse exercício ilustra algumas das formas de lidarmos com a fixação
das crenças, cada vez mais intrincada em nosso pensamento, com o ambiente das bolhas:

> Essa fixação das crenças, contemporaneamente, está profunda-
> mente enraizada nos ambientes de plataforma, marcados por al-
> goritmos dotados de função decisiva na hierarquização e filtragem
> do conteúdo priorizado em feeds de sites de rede social digital
> como o Facebook (BORGES; GAMBARATO, 2019, p.613). Em
> tais espaços, a circulação e a difusão de notícias falsas afinadas
> com comportamentos e crenças dos próprios usuários de plata-
> forma é estimulada (ibid.), conformando **"bolhas epistêmicas"**,
> identificadas pela falta de segregação entre "conhecer algo de
> fato" e se "acreditar que conhece algo". (FRANCO; BORGES,
> 2017, pp.55-56).[63]

Com algoritmos programados a oferecer uma experiência agradável
ao usuário para que o tempo de conexão e de atenção sejam os maiores

---

63 SANTOS, 2020, p. 13, grifo nosso.

possíveis, as plataformas digitais nem sempre terão como critério privilegiar informações que dialoguem com o *método científico*. Isto é, as plataformas, como vimos, privilegiam aquilo que está próximo das crenças: *tenacidade, autoridade* e *"a priori"*.

RASTROS

Talvez "rastro" seja aquilo que um tatu no cerrado brasileiro deixa para um lobo-guará faminto que rastreia, fareja, em busca de sua presa. O tatu deixa pistas, que o lobo-guará seguirá para encontrá-lo. O tatu tem suas estratégias de sobrevivência e buscará despistá-lo quando identificado.

Na internet, não apenas deixamos rastros, mas somos, em muitos casos, evidentemente, mais do que rastreados, monitorados. "Deixar rastros" insinua "deixar pistas". Não deixamos apenas rastros ou pistas, deixamos dados escancarados sobre nós. Somos monitorados 24 horas por dia. Incessantemente. Basta ser um portador de smartphone com acesso a internet. Se utilizarmos também *wearables*, ou seja, dispositivos tecnológicos que podemos vestir ou usar como acessórios, como relógios que, por exemplo, medem os batimentos cardíacos enquanto dormimos, sabe-se até o momento em que entramos em sono R.E.M. Agora, a nossa sorte é que os *apps* ainda não conseguem identificar o que sonhamos – embora muitas pessoas, após um sonho impactante, acessem o Google e escrevam perguntas como "o que significa sonhar com lobo te atacando?".

Será que teremos que, como um tatu, despistar, nos resguardando em tocas seguras para garantir nossa vida privada? Um aspecto crucial que difere as pegadas de um tatu no cerrado das pegadas de um usuário de internet é: as do tatu sumirão com o tempo, as do usuário tendem à imortalidade. Ou seja, um tatu ainda tem direito ao esquecimento, enquanto o usuário o perdeu. A persistência, ou permanência, conforme Recuero, pode ficar disponível ao usuário, ou pode, muitas vezes, ser efêmera para o usuário, mas não necessariamente para a gestora da plataforma digital. Segundo a autora, as interações constituídas nos meios online tendem a "permanecer no tempo" pois podem ser recuperadas em outros momentos, ao contrário das interações orais, que costumam desaparecer já logo após sua ocorrência.[64]

Não podemos tratar com irrelevância esse fato, sabendo também que o DNA da internet emerge da lógica bélica. Werner Silva resgata parte dessa relação:

> A internet foi criada em 1969, nos Estados Unidos. Chamada de Arpanet, tinha como função interligar laboratórios de pesquisa. Naquele ano, um professor da Universidade da Califórnia passou para um amigo em Stanford o primeiro e-mail da história. Essa rede pertencia ao Departamento de Defesa norte-americano. O mundo vivia o auge da Guerra Fria. A Arpanet era uma garantia de que a comunicação entre militares e cientistas persistiria, mesmo em caso de bombardeio.[65]

A internet, assim como os drones e várias outras invenções, foi desenvolvida para a guerra, objetivando o domínio e controle. Quando tais tecnologias são utilizadas por empresas, significa que aquilo que os militares faziam, essas empresas também poderão fazer conosco. Tudo dependerá dos valores, da cultura e dos princípios éticos de cada empresa.

Uma possível interpretação é a de que estamos deixando de ser rastreados para cada vez mais sermos monitorados. Estamos deixando de ser tatus no

---

64 RECUERO, 2012 apud RECUERO, 2017, n.p., grifo nosso.
65 WENER SILVA, L. 2001, n.p.

cerrado para sermos participantes de reality show assistido e promovido por algumas empresas (e outros setores da sociedade) que nos monitoram.

RASTREAMENTO E COLETA DE DADOS

A quantidade de sensores rastreando a vida cotidiana é cada vez maior. S. Silva[66], doutor em Comunicação e Cultura Contemporânea pela UFBA, menciona a estimativa feita em 2017 por Helbing et al. (2017), de que no ano de 2027 haverá 150 bilhões de sensores de medição em rede, ou seja, 20 vezes mais do que pessoas na Terra. O que significa que a quantidade de dados duplicará a cada 12 horas.

Sobre os rastreadores que carregamos voluntariamente conosco, Silva lembra que hoje quase a totalidade da população carrega um sensor rente ao corpo, funcionando e captando informações em tempo integral sobre o portador. Os dispositivos, presentes no bolso, em ambientes de trabalho, ao lado da cama, ou sobre a mesa, estão, segundo ele, orientados a fazer registro, coleta e transmissão de informações, mesmo quando na aparência se encontram inativos.

Vivemos em um cotidiano cada vez mais datificado e datificável.

> Tendo em vista que as estruturas móveis se vinculam aos corpos como sensores e que hoje vivemos não apenas com os meios de comunicação, mas principalmente através deles, esta coleta massiva de dados é, na verdade, uma datificação massiva do tempo: o registro estruturado e linear do máximo de eventos possíveis sobre a ação de diferentes agentes, âmbitos e fenômenos que envolvem direta ou indiretamente a vida humana.[67]

---

66 SILVA, 2019, p. 160
67 SILVA, 2019, p. 160.

Inclusive o que fazemos com a função desligada, por exemplo, de um GPS, pode ser coletado como dados de geolocalização:

> Empresas de energia elétrica conseguem hoje coletar dados sobre quais aparelhos o usuário conectou à rede elétrica a que horas e por quanto tempo; o aplicativo do celular consegue coletar dados de deslocamento físico mesmo com o GPS desligado; o cartão de fidelidade do supermercado consegue coletar dados sobre quais produtos o cliente comprou, quando e quanto; shoppings centers que usam beacons conseguem monitorar em detalhe todo o comportamento do cliente nas vitrines, corredores e lojas etc.[68]

Enfim, tudo o que fazemos on-line pode ser registrado em detalhes. O passado é resgatado em regressões históricas e narrativas são reconstruídas a partir dos rastros digitais que deixamos.

> [...] as únicas questões que nos restam saber é para quem os dados estarão disponíveis e por quanto tempo. Os softwares de anonimato podem nos proteger por um tempo, mas quem sabe o próprio ato de se esconder não é a bandeira vermelha definitiva para as autoridades vigilantes? Câmeras de vigilância, data brokers, redes de sensores e "supercookies" registram a rapidez com que dirigimos, quais pílulas tomamos, que livros lemos, que sites visitamos.[69]

Nos exemplos trazidos por Williams, a seguir, veremos que mais de 250 jogos acessíveis a dispositivos móveis já conseguem detectar sons do

---

68 SILVA, 2019, p. 165.
69 PASQUALE, 2015, p. 3 apud SILVA, 2019, p. 165.

ambiente dos usuários. Veremos também que o Facebook fez registro da patente para detecção de emoções via câmeras de computadores e smartphones. Conforme o autor, no futuro, seremos conhecidos cada vez mais intimamente pelas tecnologias da economia digital da atenção, que tem como objetivo nos convencer de maneira cada vez mais eficaz:

> Mais de **250 jogos** acessíveis por dispositivos móveis com sistema Android já conseguem detectar sons do ambiente dos usuários. Essa escuta pode um dia chegar até mesmo a nossos ambientes interiores. Em 2015, o Facebook fez o registro de uma patente para **detecção de emoções**, positivas e negativas, via câmeras de computadores e smartphones. E em abril de 2017, na conferência F8 da empresa, Regina Dugan, ex-chefe da DARPA (a agência americana para projetos avançados de defesa) e pesquisadora do Facebook, subiu ao palco para discutir um projeto então em desenvolvimento para uma **interface cérebro-computador**.[70]

Williams apresenta mais sobre a interface cérebro-computador mencionada por Dugan:

> Dugan enfatiza que não se trata de invasão de pensamento – um aviso importante, dada a ansiedade do público acerca de violações de privacidade por redes sociais do porte do Facebook. Em vez disso, a ideia seria "decodificar as palavras que a pessoa já decidiu compartilhar no momento em que as envia ao centro de fala do cérebro", explica o anúncio oficial da empresa. "Imagine o seguinte: você tira muitas fotos e escolhe compartilhar apenas algumas

---

70 WILLIAMS, 2021, n.p., grifos nossos.

delas. Da mesma forma, você tem muitos pensamentos e decide compartilhar só alguns." A empresa se recusou a informar se planeja usar as informações coletadas em centros de fala cerebrais para fins publicitários.[71]

Selecionamos abaixo algumas possibilidades de rastreamento, difundidas no livro *Marketing 5.0*, de Philip Kotler (escrito em parceria com Kartajaya e Setiawan), considerado por muitos, especialmente na área do marketing, um guru. Por ser um autor best-seller, logo, um propagador de ideias, consideramos relevante trazer alguns exemplos norteadores para o mercado que são trazidos pelos autores nessa obra.[72]

• Exemplo 1 – Rastrear a jornada do cliente em espaços físicos:

> Outro exemplo de integração de dados é o uso de aplicativos de fidelização do cliente para conectar sensores "faróis" inteligentes. Quando o celular do cliente passa perto de um sensor – no corredor de uma loja, por exemplo –, esse sensor registra a movimentação. Isso é útil para **rastrear** a jornada do cliente em espaços físicos.

• Exemplo 2 – Máquinas de bebidas com detecção facial e rastreamento ocular (que combinam informações de meteorologia e calendário de eventos):

> Em 2019 a Walgreens começou a testar máquinas distribuidoras de bebidas que combinam câmeras, sensores e portas com telas

---

71 WILLIAMS, 2021, n.p.

72 Os trechos a seguir, dos exemplos 1 a 8, se encontram todos na obra *Marketing 5.0: tecnologias para a humanidade*, de KOTLER, P.; KARTAJAYA, H.; SETIAWAN, I..

digitais para exibir não apenas os produtos em seu interior, mas também publicidade personalizada para o consumidor. Embora essa tecnologia não reconheça rostos nem armazene identidades, por questões de privacidade, ela consegue adivinhar a idade e o gênero do consumidor. A geladeira usa detecção facial para deduzir o grupo demográfico e as emoções do comprador que se aproxima da porta da máquina. Também utiliza **rastreamento** ocular e sensores de movimento para medir o interesse do comprador. Ao combinar essas informações com outras, externas, como a meteorologia ou o calendário local de eventos, o motor de inteligência artificial é capaz de selecionar produtos e promoções específicos para divulgar nas telas. A geladeira também **rastreia** as escolhas do comprador e recomenda outro item, relacionado, depois do fechamento da porta. Como seria de esperar, ela coleta vários dados sobre o comportamento do comprador e quais embalagens ou campanhas funcionam melhor.

• Exemplo 3 – Ponto de venda (PDV) e o *beacon*:

O primeiro passo na criação de um marketing contextual turbinado por IA é montar um ecossistema de **sensores** e aparelhos conectados, sobretudo no ponto de venda (PDV). Um dos sensores mais populares usados em PDVs é o beacon – um transmissor Bluetooth de baixo consumo de energia que se comunica com os dispositivos próximos. Quando vários beacons são instalados em um estabelecimento físico qualquer, o profissional de marketing pode determinar com precisão a localização do consumidor, assim como **rastrear** seus movimentos. Os **sensores** também podem ajudar a enviar conteúdo personalizado aos dispositivos conectados sob a forma de notificações *push*, por exemplo.

- Exemplo 4 – Kellogg's e a detecção de emoções:

  Assim, a detecção de emoções é usada na concepção de produtos e na testagem de anúncios por meio de entrevistas on-line e grupos focais. Pede-se aos respondentes que compartilhem o acesso a suas webcams e que observem uma foto ou assistam a um vídeo. Suas reações faciais são, então, analisadas. A Kellogg's, por exemplo, usou a análise de expressões faciais da Affectiva para criar anúncios para o cereal Crunchy Nut. A empresa **rastreou** o grau de interesse e o engajamento do espectador enquanto assistia aos anúncios, tanto na primeira visualização quanto em repetições.

- Exemplo 5 – Cinema Disney e a detecção de emoções:

  A Disney fez experiências com detecção de emoções instalando câmeras nos cinemas que exibiam seus filmes. **Rastreando** milhões de expressões faciais ao longo do filme, a Disney consegue descobrir quantos espectadores gostaram de cada cena. Isso é útil para aprimorar a produção dos filmes em projetos futuros.

- Exemplo 6 – Palace Resorts e o rastreamento ocular:

  Uma tecnologia correlata é um sensor **rastreador** ocular. Com essa tecnologia as empresas podem descobrir onde o usuário foca sua atenção com base no movimento ocular ao assistir, por exemplo, a um anúncio ou um vídeo. O profissional de marketing pode, na prática, criar um mapa de calor para saber em que áreas específicas o anúncio gera mais animação e engajamento. A Palace Resorts utilizou **rastreamento** ocular em sua campanha de marketing. A empresa de hotelaria criou um microsite no qual o internauta pode responder a um questionário em forma de vídeo, dando autorização para o uso de tecnologia de **rastreamento** ocular por meio de webcams. Pede-se ao internauta que escolha, a partir de alguns vídeos, uma combinação de diferentes opções de lazer. Com base na direção do olhar, o site recomenda o resort da empresa que mais combina com os interesses do internauta.

• Exemplo 7 – Ferramentas de escuta social e o rastreamento de discussões.

Para esse fim, a empresa necessita de uma captura de dados dos clientes que monitore em tempo real as transformações. Ferramentas de escuta social – também conhecidas como "monitoramento de mídias sociais" – podem ser particularmente úteis no **rastreamento** de discussões sobre uma marca ou um produto nas redes sociais e nas comunidades on-line. Essas ferramentas filtram conversas sociais desestruturadas, gerando inteligência sobre o cliente na forma de palavras-chave, tendências emergentes, opiniões polarizadoras, sentimentos em relação a marcas, visibilidade de campanhas, aceitação de produtos e respostas de concorrentes. Esses dados também são enriquecidos pelo geotagging, que permite à empresa **rastrear** ideias por região ou por localização.

• Exemplo 8 – Rastreamento RFID (identificação por radiofrequência, do inglês *radio-frequency identification*): etiquetas RFID em produtos; pulseiras com RFID na Disney; crachás de funcionários com RFID.

As empresas também precisam **rastrear** mudanças no comportamento do consumidor, que se refletem no tráfego e nas transações. Elas podem acompanhar a jornada do cliente em seu site e analisar em tempo real as compras de e-commerce. Nas empresas com ativos físicos, os dados mais comumente avaliados são os do ponto de venda (PDV) quando uma unidade de controle de estoque (SKU) específica vem ganhando impulso no mercado. Usando etiquetas RFID nos produtos, as empresas podem obter um retrato melhor da jornada pré-compra do cliente. Os varejistas podem avaliar, por exemplo, quanto tempo o cliente leva para tomar a decisão antes de comprar um produto e a jornada que ele segue até esse produto chegar ao caixa. Quando há consentimento, as etiquetas RFID também podem atuar como vestíveis para **rastrear** os movimentos do consumidor, melhorando a experiência do cliente. A Disney embute RFID em suas pulseiras Magic Bands para **rastrear** os movimentos do visitante nos parques temáticos. A Clínica Mayo usa RFID na pulseira dos pacientes e nos crachás dos funcionários com o mesmo objetivo. As empresas B2B usam o **rastreamento** RFID para gerir sua logística e otimizar a cadeia de abastecimento.[73]

Coletar dados, armazenar dados, gerir dados, analisar dados e propor algo, passa, como vemos, a ser uma obsessão em diversas áreas, como no marketing. Percebemos que uma mesma tecnologia – seja voltada ao marketing ou para outras áreas – pode ter inúmeras possibilidades de uso. Cabe às empresas – e às pessoas por trás dessas empresas – utilizá-la dentro dos princípios éticos e jurídicos, respeitando o indivíduo-usuário-consumidor-cidadão, lembrando que este, sem dúvida, é a parte vulnerável dessa relação.

---

73 Sobre a pulseira MagicBand, com RFID embutido, da Disney: "Um excelente exemplo é o caso da Disney. O parque temático tira proveito da IoT para eliminar qualquer atrito e redefinir a experiência do cliente no parque. Integrada com o site My Disney Experience, a pulseira MagicBand armazena informações do cliente, funcionando, assim, como ingresso para o parque, chave do quarto e método de pagamento. A pulseira se comunica o tempo todo com milhares de sensores nos brinquedos, restaurantes, lojas e hotéis graças a uma tecnologia de frequência de rádio. [...] Os dados de movimentação dos clientes que são coletados têm enorme valor na definição dos locais das ofertas ou na recomendação dos caminhos mais rápidos para o visitante chegar às suas atrações favoritas." (KOTLER et al., 2021, e-book)

Saindo da perspectiva de Kotler – voltada aos profissionais de marketing –, trazemos o olhar de Gillespie, que apresenta alguns aspectos do que pode estar em jogo nessa busca por "colecionar" dados. De acordo com o autor, estamos atualmente diante de um novo tipo de "poder informacional", o das gigantes bases de dados, que está alterando a paisagem política global. Segue:

> Além das suas técnicas, os provedores de informação que acumulam esses dados, as indústrias terceirizadas que reúnem e compram dados de usuários como mercadoria, e aqueles que transacionam dados sobre os usuários por quaisquer outros motivos (ou seja, empresas de cartão de crédito) têm por essa razão uma voz mais forte tanto no mercado, quanto nos corredores do poder legislativo, e estão cada vez mais se envolvendo nos debates políticos sobre a proteção do consumidor e direitos digitais. Estamos vendo a implantação da mineração de dados nas arenas da organização política (HOWARD, 2005), no jornalismo (ANDERSON, 2011) e na publicação de conteúdo (STRIPHAS, 2009), onde os segredos extraídos das quantidades massivas de dados dos usuários são tomados como diretrizes convincentes para a produção de conteúdo no futuro – seja a próxima campanha micro-segmentada ou o próximo fenômeno pop.[74]

A mineração de dados – processo de descoberta de padrões e tendências a partir de grande conjunto de dados – é um dos temas centrais relacionados à economia da atenção. Afinal, quanto mais se captura o tempo e a atenção, mais dados são coletados e analisados, e quanto mais dados são coletados e analisados, mais o algoritmo pode se aperfeiçoar.

---

74 GILLESPIE, 2018a, p. 103.

Aperfeiçoando o algoritmo, que serve à lógica da economia da atenção, mais tempo e atenção são maximizados, gerando, assim, um ciclo de alimentação contínuo de dados e de aperfeiçoamento contínuo da persuasão através de algoritmos.

PREVER – O ORÁCULO DO PASSADO INDUZ UM FUTURO

Com o tempo, novas formas de análise, mais refinadas, vão surgindo. É possível prever o futuro? Boa parte das pessoas dirá que não. Outros deixarão essa pergunta em aberto. E outra parte dirá que sim. No caso das plataformas digitais, em que a coleta de dados é astronômica, talvez o astronômico volume de dados possa sim ajudar a prever.

Uma pergunta que cabe fazer é: se é possível prever o comportamento humano, o comportamento humano possui qual grau de autonomia? Em situações cotidianas, como comprar arroz e feijão todo mês, até a "previsão do tempo" acertaria com dias, meses ou até mesmo anos de antecedência.

Na meteorologia, a previsão do tempo, munida dos dados meteorológicos, fotos de satélite, previsões numéricas, supercomputadores, conhecimento do clima de determinada região e um profissional experiente, a porcentagem de acerto é: para um ou dois dias, de 98%; até 5 dias, há uma média de 70%, de acordo com o Instituto Nacional de Pesquisas Espaciais[75]; já acima de uma semana, a previsão deixa de ser confiável[76]. Mas como prever o comportamento humano? Assim como a previsão do tempo precisa se embasar em dados, se embasar no passado, as plataformas

---

75 BRASIL. Ministério da Ciência, Tecnologia e Inovação. Instituto Nacional de Pesquisas Espaciais. Centro de Previsão de Tempo e Estudos Climáticos. **Glossários.** Disponível em: < https://www.cptec.inpe.br/glossario.shtml>. Acesso em 17 jan. 2022.

76 BROCHADO, S. Por que a previsão dos meteorologistas erra tantas vezes? Superinteressante Online [30 nov. 2017]. Disponível em: <https://super.abril.com.br/ciencia/por-que-os-meteorologistas-erram-tanto/>. Acesso em 17 jan. 2022

digitais precisam se embasar em dados, se embasar no passado do usuário. Uma plataforma que "coleciona" dados antigos tem um valor no mercado, já aquela que, além de dados antigos, possui dados recentes, a possibilidade de "previsão do tempo" emocional, vocacional, intencional do usuário aumenta muito, por isso possui mais valor no mercado. "No que você está pensando...?" eis a pergunta que aparece na caixa de digitação ao abrir o perfil pessoal do Facebook.

Cruzar dados antigos com dados recentes, com uma lógica algorítmica sofisticada, faz da plataforma uma excelente previsora de seu tempo. E aquela que prevê seu tempo pode vender mais guarda-chuvas ou guarda-sóis, promover hotéis em praias solares, ou sugerir chocolates quentes em montanhas nevadas. Aquela que prevê o seu tempo, tempo emocional, tempo político, tempo comportamental, tempo de pontos de vistas, pode propor com antecipação, sugerindo rotas emocionais, políticas, comportamentais, pontos de vista. Pode tanto recomendar com antecipação – de modo preditivo – algo que o usuário provavelmente vai querer; quanto propor novas possibilidades (ou soluções) para o que estava acostumado a escolher ou fazer; quanto persuadir para outras possibilidades, utilizando de estratégias, com resposta em tempo real, para conduzir a caminhos que interessam à plataforma.

Dados recentes têm frescor de conduta e são riquíssimos para demonstrar tendências, por isso, ter acesso a dados é bom, mas para jogar o jogo em tempo real é preciso ter acesso a dados recentes. Assim, quanto mais dados recentes, melhor para a plataforma. E a lógica da economia da atenção permeia este jogo. A regra do jogo é clara, não necessariamente para o usuário, mas para quem vem lucrando com o jogo. E se uma nova empresa/plataforma for adentrar esse jogo, terá que seguir "a mão invisível" do juiz, ou tomará cartão vermelho por essa mesma mão, ou será goleada.

Esta economia de dados, sustentada na economia da atenção, num mundo cada vez mais digital e conectado em rede, vem determinando, moldando, as regras do jogo. Silva explicita as relações entre passado e futuro nesse contexto de mercado:

> [...] **prognosticando o futuro.** A capacidade de colher e processar grande volume de dados de um enorme contingente de usuários – identificando padrões e tendências estatísticas – **é transformada em previsão: o passado passa a servir como oráculo do futuro,** antevendo acontecimentos que tendem a se repetir. Tal capacidade preditiva só pode funcionar se houver um grande aparato técnico e lógico operando, pois isso implica, naturalmente, em possuir capacidade de coletar e transformar dados brutos em uma estimativa real de futuro, algo que tende a ter cada vez mais importância de mercado. Como aponta Dijck (2014, p. 201, tradução nossa) "[...] [meta]dados são apresentados como "matéria-prima" que pode ser analisada e processada em algoritmos preditivos sobre o futuro comportamento humano - ativos valiosos na indústria de mineração [de dados]".[77]

Como vimos, o passado passa a servir como oráculo do futuro. Ou seja, projeções baseadas no já-sabido, não na novidade. Essa previsão sustentada pelo passado pode cristalizar, além do mais, inúmeras desigualdades, ações discriminatórias, gerando também concentração de poder, reforçando o establishment. Silva lembra, ainda, o quanto tais estatísticas tendem ao conservadorismo, uma vez que são feitas com base no passado. Mais especificamente sobre a questão da desigualdade social, diz o autor:

---

77 SILVA, 2019, p. 165-166, grifos nossos.

O uso de estatísticas e probabilidades tende a "eternizar" desigualdades e reforçar segregações de forma nem sempre evidente e direta. Por exemplo, quando um banco faz cruzamentos estatísticos utilizando Big Data para decidir se concede ou não empréstimos a determinados cidadãos, o algoritmo pode indiretamente reforçar o racismo ao priorizar a concessão de empréstimos para pessoas brancas que estatisticamente, devido a processos históricos sedimentados, têm melhores "indicadores" na interpretação do código que, por sua vez, não leva em conta o fato de serem historicamente privilegiadas pelo sistema social.[78]

Outro aspecto delicado dessa realidade é a exploração de vulnerabilidades cognitivas e emocionais do usuário, com o objetivo de influenciar seu comportamento e seu processo de tomada de decisão. Sobre isso, dizem os autores e pesquisadores da Universidade Federal do Rio de Janeiro (UFRJ) Fernanda Bruno, Anna Bentes e Paulo Faltay:

> O saber preditivo dos algoritmos define, deste modo, os perfis de alvos específicos para sugestão de conteúdos diferenciados no momento e no contexto apropriados para influenciar, de forma personalizada e em tempo real, o comportamento dos usuários (INTRONA, 2016). Legitimadas por um discurso de comodidade que promete oferecer conteúdos, serviços e produtos ultrapersonalizados e "relevantes" aos interesses dos usuários, estas ferramentas de captura irrestrita e extensiva de informações são, entretanto, entendidas pelo marketing digital como meios de explorar vulnerabilidade cognitivas e emocionais a fim de influenciar o processo de tomada de decisão e o comportamento dos usuários.[79]

---

78 SILVA, 2017, p. 36 apud SILVA, 2019, p. 166.
79 BRUNO, F. G.; BENTES, A. C. F.; FALTAY, P., 2019.

Um dos desafios de nosso tempo é que grande parte das empresas vai se tornando refém dessa lógica competitiva que tem como instrumental o sistema preditivo. Algumas adentram esse jogo com ética, buscando respeitar a todos, outras adentram com a "ética" que mais lhes convém, utilizando o sistema jurídico a seu favor.

As gigantes empresas de tecnologia conhecem a legislação, sabem das sanções, e muitas estão dispostas a arcar com as consequências da desobediência da lei. Violação de privacidade, manipulação psicológica, indução, vazamentos de dados, discriminação etc. – valem a pena, se fazem a empresa atingir seus objetivos concorrenciais?

É preciso, por um lado, lapidar constantemente a lei, o que já vem sendo feito[80]. Por outro lado, é importante também lapidar a relação com as partes interessadas (denominadas *stakeholders*, segundo teoria desenvolvida por R. Edward Freeman). Diz Silva:

> Como muitos bens de capital este maquinário-lógico-preditivo pode gerar suas poluições ou efeitos colaterais: **violação de privacidade, manipulação psicológica, indução, vazamentos, discriminação** etc. Embora isso seja levado em conta na discussão que antecede marcos regulatórios e leis sobre proteção de dados pessoais, **tal sistema é regulado para continuar funcionando**, ainda que com algumas restrições (como por exemplo, limites para uso de dados sensíveis ou responsabilidades e penalizações em

---

80 À medida em que os algoritmos assumem mais importância em todos os setores da vida, eles são cada vez mais uma preocupação dos legisladores. E existem muitos passos que as empresas do Vale do Silício e os legisladores devem tomar para avançar em direção à maior transparência algorítmica e à responsabilização dos agentes intermediários digitais. [...] Nos anos de 2010, para piorar, megaplataformas como o Facebook e o Google assumiram efetivamente o papel de reguladores da comunicação global. A repetida insistência de Mark Zuckerberg de que o Facebook é nada mais do que uma empresa de tecnologia constitui-se em uma retomada da ideologia laissez-faire de Fowler. Também é profundamente hipócrita, pois a plataforma impõe todo tipo de regras e regulamentos aos usuários e anunciantes quando essas normas estimulam os seus lucros (PASQUALE, 2015b). (PASQUALE, 2017, p. 21, p. 31)

caso de falha de segurança e vazamentos etc.). Do ponto de vista da Economia de Dados, quem não tiver esse maquinário-lógico--preditivo (em menor ou maior potência) tende a ser engolido pela concorrência. Empresas que possuírem sistemas de coleta e processamento de informação eficientes e pertinentes tendem a monitorar melhor o seu entorno, identificar com maior facilidade ameaças, compreender melhor seu campo de atuação, seus consumidores e seu mercado. Por isso, essas tendem assim a preponderar sobre aquelas que não possuem um sistema preditivo em pleno funcionamento.[81]

Como vimos, o sistema é regulado para continuar funcionando, por mais que haja algumas restrições. É uma lógica vigente e precisa ser pensada e repensada.

O sistema preditivo também tem como possível consequência criar uma "câmara de eco", dialogando com as bolhas algorítmicas. Nela, segundo o estudioso de mídia Uricchio, vemos o reforço de visões, sem surpresas, sem conteúdos indesejados:

> Nesses sistemas preditivos, o passado é um prólogo, já que os dados gerados através de nossas interações anteriores moldam o mundo textual selecionado para nós. Sem surpresas ou encontros "indesejados", apenas temas e variações surpreendentemente familiares. Essa lógica também se estende ao domínio informacional, onde tem sido alvo de críticas mais contundentes, principalmente concentradas no argumento de que tais sistemas preditivos criam uma câmara de eco na qual nossas visões existentes do mundo são reforçadas, mas raramente desafiadas.[82]

---

81 SILVA, 2019, p. 166.
82 URICCHIO, 2017, p.131, tradução do autor, apud SILVA, 2019, p. 166, grifo nosso.

No entanto, Williams questiona a metáfora da "câmara de eco", dizendo que, no seu ponto de vista, ela não funciona em um aspecto essencial: "ao ecoar, um som retorna, de fato, mas para depois se dissipar." No lugar, o autor propõe a metáfora da microfonia, explicada da seguinte forma:

> Uma metáfora melhor talvez seja a da microfonia, um alto-falante em loop estridente que, se a gente deixar, destrói os tímpanos. Quando o conteúdo desse loop estridente consiste das nossas próprias identidades, individuais ou coletivas, o reflexo distorcido que vemos em nossos dispositivos fica parecendo o de uma casa de espelhos de parque de diversões, não mais do que uma paródia absurda de nós mesmos.[83]

"É que narciso acha feio o que não é espelho"[84] – interessante perceber que essa breve citação de Williams pode nos remeter a duas imagens que estão presentes em uma mesma história mitológica grega: a personagem ninfa Eco (e a questão da câmara de eco) e o personagem Narciso (e o excesso de reflexo de si mesmo). Dois personagens mitológicos que não tiveram um final feliz "walt-disneyliano". Em síntese, dentre as várias versões, a ninfa Eco (apaixonada por Narciso) solicitou a Nêmesis, deusa da vingança, punir Narciso por sua paixão não correspondida. A punição de Narciso: apaixonar-se com muita intensidade, sem conseguir possuir sua amada. Já a ninfa Eco foi punida por Hera, esposa de Zeus, por ser tagarela e usar de sua tagarelice para ludibriar Hera. A punição de Eco: repetir os últimos sons que ouvisse. O desfecho: a ninfa Eco, passeando em um bosque, avista Narciso sozinho, e tudo o que ele fala, a ninfa repete.

---

83 WILLIAMS, 2021, n.p.
84 Trecho da canção Sampa de Caetano Veloso.

Narciso, sem saber quem está falando com ele, segue a caminhar e se depara com um lago e vê sua própria imagem refletida, e, apaixonando-se por seu próprio reflexo na água, se afoga. A ninfa, arrependida, se transforma em um rochedo, continuando a repetir os últimos sons que ouvia.

A vaidade (Narciso) – excesso de si mesmo – foi punida; a tagarelice (Eco) – excesso de fala – foi punida. Não nos aprofundaremos na temática das virtudes e dos valores aqui, mas é sabido que na Grécia Antiga era um assunto discutido entre os fundadores da filosofia europeia. E debater virtudes e valores também é debater o ser humano e suas vulnerabilidades. Se uma pessoa virtuosa tende a se sentir fortalecida interiormente, uma desconhecedora das virtudes pode se sentir fragilizada com mais constância. E, como vimos, muitas das estratégias do marketing hoje trabalham com as vulnerabilidades e não com as virtudes humanas. As consequências desses estímulos serão reveladas com o tempo. Esperamos que Nêmesis e Hera não se intrometam. E que o Oráculo de Delfos – do célebre templo de Apolo, onde havia as máximas "nada em excesso" e "conhece-te a ti mesmo" – possua boa previsão para o futuro.

O MEDIADOR – AQUELE QUE MEDEIA CONDUZ

> *Assim como as técnicas e práticas da datificação, portanto, as mediações algorítmicas devem ser tomadas, de antemão, como construtos que revelam, reforçam ou mesmo propõem visões de mundo.*
> D'ANDREA[85]

O mediador medeia. Medeia o olhar. Medeia os sentidos. Gerencia. Organiza as perspectivas. Aquele que medeia tende à condução. Uma notícia

---

85 D'ANDREA, 2020, p. 32.

jornalística, um filme documentário, uma piada sobre um estrangeiro, uma aula de história, são ângulos de uma possível realidade, são pontos de vista. São formas de mediar o mundo. A realidade, quem a tem? Talvez seja impossível perceber o todo. No entanto, é possível propor interpretações das realidades. A perspectiva sobre o mundo pode determinar o mundo. E quem pode em larga escala interpretar o mundo?

> Esse processo de intermediação é, também, um processo-chave de controle sobre dados produzidos com propósitos muito específicos: busca (Google), padrões de deslocamento-tráfego (Uber), relacionamentos (Facebook), gosto musical (Spotify) etc. Em sua grande maioria, as plataformas são a estrutura para modelos multifacetados de negócios (SRNICEK, 2017). Elas são grandes armazenadoras de dados/metadados gerados pelos usuários [...].[86]

Aquele que medeia pode apresentar o ângulo do mundo que lhe interessa. Se perguntarmos hoje para as pessoas como imaginam o futuro daqui a 500 anos, muitas vão associar essa imaginação à tecnologia de ponta, outros à devastação da natureza, outros repetirão o último filme de ficção científica futurístico, ou falarão de amor e paz. Quem determina o futuro? Quem imagina o futuro? Se seguimos algum padrão de imaginação é porque provavelmente fomos mediados na nossa imaginação. A nossa forma de perceber o passado, o presente e, inclusive, o futuro foi mediada. Há a expressão "sequestro do futuro", apresentada por Fernanda Bruno, que explica:

---

86 GIRARDI JÚNIOR, 2021, p.7.

Sequestro do futuro porque as paisagens por onde trafegamos no ecossistema digital são também oportunidades de interação, de descobertas, de travessia para outros ambientes e encontros. Entretanto, o modelo de negócios que hoje predomina nessas plataformas e na web em geral envolve processos algorítmicos com a promessa e a capacidade de agir sobre os comportamentos enquanto eles acontecem, de modo a intervir sobre o próximo passo - cliques, curtidas, visualizações e interações com este ou aquele conteúdo, compartilhamentos etc. Nossas condutas online são assim constantemente antecipadas, implicando um **sequestro**, no nível cotidiano, do nosso campo de ação possível, colocado a serviço da produção de mais e mais engajamento. Venho insistindo que é precisamente sobre a ação possível dos indivíduos que incide a atenção e o interesse dos diversos ramos que se dedicam ao conhecimento e ao controle de condutas nos ambientes digitais.[87]

Aquele que medeia, além de poder propor ou escolher interpretações, também pode indicar antecipadamente opções de olhar, sugestões de possibilidades. Para Bruno, a mediação algorítmica intervém não apenas no momento ("paisagem") atual, mas também na paisagem por vir, "constantemente antecipada, projetada de modo a aumentar a probabilidade de que o nosso próximo passo seja na direção que os algoritmos sutilmente recomendam". Diz ela: "Nesse sentido, o futuro e a ação possível, como reserva aberta de possibilidades, de encontros e de inesperado, são **sequestrados** nessas microantecipações cotidianas nos ambientes e plataformas online".[88]

---

87 BRUNO, 2020, p. 249, grifos nossos.
88 BRUNO, 2020, p. 250, grifo nosso.

Não é à toa que muitas pessoas que estão vinculadas ao poder também estão vinculadas aos meios de comunicação, aos mediadores que comunicam os recortes do mundo, as interpretações do mundo.

Ter senso crítico sobre tudo e todos é um grande desafio para uma pessoa cidadã, de rotina muitas vezes com pouco tempo de reflexão para tomar decisões. Vamos pensar, por exemplo, em uma partida de xadrez. Em uma partida de xadrez que demora dias (ou até mesmo sem limite de tempo), os jogadores podem escolher suas melhores jogadas com um largo tempo de análise e reflexão. Já nas partidas rápidas de xadrez, de minutos de duração, os jogadores precisam escolher a melhor jogada com a pressão do tempo, e com isso as análises das jogadas caem de qualidade, saindo-se melhor o jogador que pensa mais rápido, fazendo a melhor escolha em menor tempo. O cotidiano de muitas pessoas – usuárias – está mais para partidas rápidas de xadrez do que partidas longas, em que a qualidade de análise e reflexão – o senso crítico – se reduz muito, com decisões muitas vezes sendo tomadas no impulso da circunstância.

Se formos para exemplos concretos de disputa vinculada à inteligência, pessoa humana vs. máquina, temos as célebres partidas do enxadrista russo Kasparov, campeão mundial na época, com o supercomputador Deep Blue da IBM[89], e, anos depois, o histórico confronto do jogo Go, entre Lee Sedol, campeão mundial na época, e o sistema AlphaGo, desenvolvido pela divisão DeepMind do Google. Seja contra Kasparov, seja contra Lee Sedol, a máquina foi capaz de vencer. Para Williams, essa capacidade se mostra também nos cálculos cotidianos para "vencer" o usuário. O autor conta que um dos primeiros testes do sistema AlphaGo, desenvolvido pela divisão DeepMind do Google, foi no projeto de incrementação do

---

89 VEJA. Demasiado humano: há 20 anos, Kasparov era esmagado por Deep Blue. Disponível em: <https://veja.abril.com.br/coluna/reveja/demasiado-humano-ha-20-anos-kasparov-era-esmagado-por-deep-blue> . Acesso em 21 jan. 2022.

algoritmo de recomendação de vídeos do YouTube. Diz ele: "parece que a mesma inteligência por trás do sistema que derrotou o campeão mundial de Go está, hoje, do outro lado da tela e mostra vídeos que, pelos seus cálculos, manterão o usuário conectado ao YouTube pelo maior tempo possível."[90]

Como vemos, o sistema AlphaGo pode hoje sugerir vídeos para um usuário comum de YouTube, estimulando a sua permanência, dentro da lógica da economia da atenção, coletando dados e propondo conteúdos. Quem será que pensará mais rápido? Bruno, de certa forma, responde:

> Não por acaso, o termo capitalismo de vigilância, cunhado por Shoshana Zuboff, encontra sua matriz nas grandes plataformas digitais que extraem valor, segundo a autora, do mercado de comportamentos futuros que elas mesmas criam. Esse mercado extremamente performativo pode chegar a produzir uma escala de **6 milhões de predições por segundo**, como alega, por exemplo, a plataforma de inteligência artificial do Facebook.[91]

Um ponto a ressaltar é que essas microatencipações cotidianas nos ambientes e plataformas digitais é uma faca de dois gumes. Por um lado, a plataforma pode dar sugestões que contribuam realmente para a pessoa usuária; por outro, a plataforma pode estar seduzindo para uma perspectiva de possibilidades futuras, dando ênfase à paisagem que interessa à plataforma, não necessariamente levando em conta a pessoa usuária, ou milhares de milhares de pessoas usuárias, produzindo imaginários e desejos

---

90 WILLIAMS, 2021, n.p.
91 BRUNO, 2020 p. 250, grifo nosso.

para essas pessoas. E aqui a questão não é se as plataformas fazem isso ou não, mas trazer à luz se há a possibilidade de.

As plataformas digitais medeiam. Algoritmos programados, ao privilegiarem uma mensagem em detrimento de outra, medeiam. Vejamos o caso do experimento "de contágio emocional" realizado em 2014, pelo Facebook, com 700 mil usuários, sem a autorização ou conhecimento deles:

> Até então, um dos episódios mais ruidosos sobre a utilização eticamente questionável de dados com efeitos persuasivos no comportamento humano ocorreu a partir de um experimento realizado pelo Facebook em 2014, cujos resultados foram publicados na revista científica Proceedings of the National Academy Sciences. Intitulado Evidência experimental de contágio emocional em escala massiva através de redes sociais (KRAMER; GUILLORY; HANCOCK, 2014), o artigo detalhou os resultados e conclusões da manipulação, ao longo de uma semana, do feed de notícias de quase **700 mil usuários**, que foram divididos em dois grupos diferenciados pelo tipo de "conteúdo emocional" visualizado: o primeiro recebeu um filtro de conteúdos emocionalmente positivos e o segundo recebeu um filtro de conteúdos emocionalmente negativos durante este período. **Sem o conhecimento ou autorização dos envolvidos**, o experimento tinha como propósito saber se o humor ou estado emocional desses grupos seria 'contaminado' pelo conteúdo visualizado no feed. Para tanto, as atualizações de status desses mesmos usuários foram monitoradas. Segundo os autores do artigo, a hipótese de contágio emocional teria sido confirmada pelo experimento. Ou seja, os usuários reproduziram, em suas atualizações de status, o estado emocional preponderante em seus feed.[92]

---

92 BRUNO et al., 2019, p. 4, grifos nossos.

"Como reconhecem os autores do experimento de contágio: 'dada a escala maciça de redes sociais como o Facebook, mesmo pequenos efeitos podem ter grandes consequências'" (KRAMER; GUILLORY; HANCOCK, 2014, apud BRUNO et al., 2019, p. 16-17, tradução do autor).

Outro caso emblemático nesse sentido foi o da Cambridge Analytica. Primeiro, apresentemos Alexander Nix:

> [...] em setembro de 2016, Alexander Nix, então diretor-executivo da consultora de marketing político Cambridge Analytica, profere palestra intitulada The Power of Big Data and Psychographics (O poder do Big Data e da psicometria, em português), no encontro anual da Concordia summit, espécie de rendez-vous de empresários e políticos mundiais. Em tom autolaudatório e sem demonstrar pudor ou ressalvas aos limites éticos das ferramentas, Nix relata o trabalho desenvolvido pela empresa na campanha do senador Ted Cruz para influenciar e persuadir o eleitorado americano durante as primárias do partido republicano naquele ano (CONCORDIA, 2016). Nix buscava exaltar a eficácia da metodologia de publicidade direcionada desenvolvida pela Cambridge Analytica por meio da criação de perfis psicométricos a partir de dados pessoais e relacionais digitais, em comparação aos tradicionais métodos de análise e segmentação demográficos.[93]

Agora, vamos ao ocorrido da Cambridge Analytica, que utilizou indevidamente e sem consentimento dados de aproximadamente 87 milhões de perfis do Facebook:

> [...] em março de 2018, o New York Times (ROSENBERG; CONFESSORE; CADWALLADR, 2018) e o The Guardian

---

[93] BRUNO et al., 2019, p. 3.

(CADWALLADR; GRAHAM-HARRISON, 2018) publicam séries de matérias e reportagens, com base no depoimento e em documentos vazados por Christopher Wylie, um ex-funcionário da **Cambridge Analytica**, revelando que a empresa utilizou, indevidamente e sem o consentimento das pessoas envolvidas, dados de cerca de **87 milhões de perfis do Facebook** para direcionar propaganda política em favor de Donald Trump durante as eleições presidenciais americanas de 2016.[94]

Estar presente como usuário em determinadas plataformas digitais, como vemos, é participar, em muitos casos, de um laboratório-mundo. Há usuários sendo testados. Fazer testes com animais de diversas espécies é uma questão muito importante no debate contemporâneo, e fazer testes com animais de sua própria espécie, pessoas humanas testando pessoas humanas também segue sendo extremamente relevante e urgente de se questionar. Em experimentos com seres humanos, principalmente sem o consentimento deles, apresenta-se uma relação de poder assimétrica.

A história prova a dor que isso pode causar. Parece forte, pesado, exagerado tratar este assunto associando a pessoas escravizadas, pois, no geral, estas nem sequer os seus próprios corpos possuíam. Por isso preferimos não associar a esse tipo de termo. Mas é evidente que há uma assimetria de forças. De um lado, a tecnologia, com Deep Blue e AlphaGo, do outro, um usuário comum – jogador amador – de xadrez ou de Go. E, vale lembrar, quando se joga um jogo como xadrez ou Go, as regras são claras, e ambas as partes têm ciência. Agora, há um desafio maior quando nem sequer as regras do jogo estão claras, ou ainda quando vivem sendo reprogramadas, isto é, não havendo transparência na relação plataforma-usuário. Em outras palavras, uma relação, além de assimétrica, opaca, afinal, nas palavras de

---

94 BRUNO et al., 2019, p. 3, grifos nossos.

Fernanda Bruno, "as fronteiras entre o laboratório e a vida social, política e subjetiva tornam-se extremamente tênues". Diz a autora:

> Estamos diante de um **laboratório-mundo** ou de uma ciência de plataforma, intimamente conectados às engrenagens do mercado de dados pessoais, em que uma complexa e crescente economia psíquica e emocional nutre algoritmos que pretendem nos conhecer melhor do que nós mesmos, além de fazer previsões e intervenções sobre nossas emoções e condutas (BRUNO, 2018).[95]

Cada pessoa é mediadora do mundo para si mesma, mas as outras pessoas, organizações, cultura etc. servem de mediadoras para essa pessoa. Há o mediador com autocrítica. Há o mediador sem autocrítica. Há o mediador que não aceita crítica. Há o mediador tendencioso. Há o mediador que busca ser transparente. Há o mediador excessivamente autocentrado. Há o mediador responsável. Há mediadores que convidam à autonomia da percepção e da ação, há mediadores que impõem uma perspectiva, coagindo discreta ou ostensivamente uma dada percepção e ação. Há, enfim, inúmeros tipos de mediadores.

Seja um professor, uma plataforma digital, um jornal, um psicólogo, uma criança, todos podem estar no papel de mediação. Aquele que medeia tem acesso ao que é mediado, aquele que medeia tem acesso a informações, aquele que medeia tem acesso às partes envolvidas, aquele que medeia pode propor perspectivas, aquele que medeia, dentre tantas possibilidades, muitas vezes, detém um poder.

E, antes de fecharmos este subcapítulo, vale lembrar do mediador do mediador, isto é, uma criança, ao assistir um filme, que apresenta uma realidade, tem ao lado dela os pais que debatem o filme com ela,

---

95 BRUNO et al., 2019, p. 9, grifo nosso.

reinterpretando o filme, ou problematizando o filme, possibilitando à criança enxergar não apenas o que o filme apresentou, mas o olhar dos pais sobre o filme. Nesse caso, o filme medeia uma realidade para a criança, e os pais (mediadores) por sua vez medeiam a perspectiva apresentada pelo filme, contextualizando o filme por prismas distintos. Assim, um mediador (filme) é mediado por outro mediador (pais).

Uma forma de ampliar o senso crítico é quando temos mediadores que nos ajudam a enxergar por diversos ângulos uma mesma realidade/circunstância/objeto. Como um dos papéis do psicólogo, que é mediar o paciente para consigo mesmo. Uma das características do mediador é auxiliar na interpretação e na reinterpretação, seja do sujeito, seja para além do sujeito.

Assim, o que queremos reforçar é que as plataformas também medeiam a partir dos seus interesses, conduzindo ou convidando a perceber e agir de acordo com tais interesses.

> O padrão das mediações online hoje são as arquiteturas privadas, opacas e distribuídas das plataformas, que borram os limites entre o que é público e o que é privado, ou entre o que é de interesse comum e o que é, acima de tudo, um negócio muito lucrativo. [...] De fato, a concentração de mercado, a dificuldade de se discutir regulações, a opacidade das mediações algorítmicas e o avanço de práticas tóxicas e de intolerância são algumas das tendências que [...] são problemas sem uma solução aparente.[96]

Quais são os mediadores que medeiam a nossa perspectiva de nós mesmos e de mundo?

---

96 D'ANDREA, 2020, p. 22.

SEDUÇÃO ALGORÍTMICA

A elaboração do termo – sedução algorítmica – busca contemplar o que viemos desenvolvendo até aqui. Sedução algorítmica é quando a plataforma digital, através de algoritmos programados, tem como objetivo criar um ambiente digital, geralmente agradável e hiperpersonalizado para o usuário, utilizando técnicas múltiplas de persuasão, dentro da lógica da economia da atenção – isto é, buscando capturar e reter o máximo de tempo e atenção do usuário, ao mesmo tempo que fornece dados pessoais, inclusive de sua personalidade subjetiva. Assim, a plataforma digital pode, a partir desses dados coletados, lapidar sua técnica de persuasão e de coleta de dados – criando, sempre que possível, o hábito ou condicionamento de uso –, visando ao monitoramento ininterrupto, para assim obter mais dados. Estes dados, além de refinar e melhorar a estratégia algorítmica de sedução, podem ser utilizados de inúmeras formas a critério das empresas detentoras destes dados. Lembrando que os usuários, parte vulnerável dessa relação, têm dificuldade em entender esse processo, similar a uma relação de mágico ilusionista e público.

As técnicas de persuasão são variadas e podem buscar, por exemplo: melhorar o envolvimento do usuário, aproveitando dados sobre preferências, comportamentos, interações; adaptar recomendações de conteúdo e experiências; mobilizar gatilhos psicológicos como os que estimulam a emoção; trabalhar através de apelo visual, sonoro, tátil e de conteúdo, incentivando a interação prolongada; dentre tantas outras possibilidades. Assim, nessa hiperpersonalização da experiência que acontece e se atualiza a cada momento, gera esse ciclo de alimentação contínuo de dados e de aperfeiçoamento contínuo da sedução. A plataforma digital, em certos casos, nem sequer precisa da atenção plena do usuário para a extração de seus dados depois que conseguiu a sua atenção inicial. Por exemplo, o usuário, ao habilitar um programa que avalie o seu sono, produz dados sobre ele, mesmo dormindo.

A coleta desses dados pode ser realizada pela própria plataforma ou também por plataformas parceiras. Vejamos o que alguns autores pontuam sobre essa temática.

Gillespie põe às claras esta relação:

> Algoritmos de busca determinam o que oferecer com base nas informações do usuário. Mas a maioria das plataformas hoje faz do seu negócio saber mais, muito mais, sobre o usuário do que apenas a pesquisa que ele acabou de fazer. Os sites esperam ser capazes de antecipar o usuário quando o algoritmo é acionado, o que requer tanto o conhecimento coletado naquele momento, quanto o conhecimento já acumulado sobre o usuário e sobre outros usuários considerados parecidos com ele em termos estatísticos e demográficos (BEER, 2009). [...] Se podemos dizer que as emissoras de TV e Rádio forneciam não só conteúdo para as audiências, mas também audiências para os anunciantes (SMYTHE, 2001), podemos dizer também que os provedores digitais não apenas fornecem informações para os usuários, mas usuários para seus algoritmos que são feitos e refeitos a cada momento de uso, porque cada clique e cada busca incrementam a ferramenta.[97]

Também dentro desse contexto de sedução algorítmica, Lipovetsky traz à tona a questão da estimulação personalizada, do direcionamento sob medida, das proposições hiperindividualizadas dos sistemas de sugestão. O processo de personalização, segundo ele, vai muito além do campo da produção manufatureira, conquistando o do marketing por meio das

---

97 GILLESPIE, 2018a, p. 101.

recomendações direcionadas que as pegadas digitais e os cálculos algo-rítmicos possibilitam. Para o autor, "o segundo momento do capitalismo de sedução não funciona mais na base do *marketing* de massa, e sim na base da estimulação personalizada, do direcionamento sob medida, das proposições hiperindividualizadas dos sistemas de sugestão."[98]

Essa sedução pode se dar de diferentes formas. Um dos pontos cru-ciais é construir produtos e serviços formadores de hábito. Criar hábitos é fazer agir "sem pensar", um processo de "naturalização". Sabemos bem os desafios que cada indivíduo pode ter para criar bons hábitos. Defenso-res do design comportamental enfatizam a importância do hábito para a constante permanência em plataformas digitais e a fidelização da audiência. Com a premissa de que é possível programar o comportamento humano, o design comportamental pode ser definido, conforme Combs e Brown, como "uma abordagem para mudar intencionalmente e sistematicamen-te o comportamento humano por meio de modificações persuasivas do ambiente físico e digital."[99]

Aqui, ao falarmos de hábito, partimos da seguinte definição, apresen-tada por Bentes:

> Por **hábito**, o autor [Nir Eyal] toma como referência uma definição da psicologia cognitiva: "comportamentos automáticos desencade-ados por estímulos situacionais", isto é, "coisas que fazemos com pouco ou nenhum pensamento consciente" (p.15). Complementan-do com referências às neurociências, Eyal entende que os **hábitos** são uma das maneiras como o cérebro aprende comportamentos complexos, uma vez que eles permitiriam a "habilidade de concentrar nossa atenção em outras coisas armazenando respostas automáticas nos gânglios basais, uma área do cérebro associada a

---

98 LIPOVETSKY, 2020, n.p.

99 COMBS & BROWN, 2018 apud BENTES, 2021, n.p.

ações involuntárias" (p.28). Nesse sentido, os **hábitos** são espécies de "atalhos" cerebrais para deliberar o que fazer a seguir a partir de estímulos específicos no ambiente. Em uma referência direta ao behaviorismo, Eyal entende que a variabilidade de estímulos que funcionem como recompensas é um dos fatores essenciais para aumentar a frequência de certos comportamentos e, por sua vez, formar determinados **hábitos**. Ainda, para formar **hábitos** de uso de um produto ou serviço, o autor recomenda que os desenvolvedores explorem vieses cognitivos já mapeados pela psicologia cognitiva e a economia comportamental, construindo "arquiteturas de escolhas" (THALER; SUSTEIN, 2019) capazes de influenciar decisões e modificar seus comportamentos.[100]

Assim, construir produtos e serviços formadores de hábito está estritamente ligado à lógica da economia da atenção. Para Bentes, é a formação de hábito que garante a captura e mobilização da atenção de forma involuntária, o que mantém usuários voltando constantemente a determinados serviços, plataformas, aplicativos e sites, fidelizando as audiências. Diz ela:

> Assim, o modelo do gancho é também um exemplo paradigmático de uma intrínseca relação entre a lógica do capitalismo de vigilância e da **economia da atenção** (BENTES, 2019). Se os dados são a matéria-prima para extração de valor na economia digital (SRNICEK, 2017; ZUBOFF, 2019), é preciso reter a atenção dos usuários o máximo de tempo possível, uma vez que somente assim que é possível acumular imensos volumes de dados, bem como expor os usuários ao maior número possível de conteúdos direcionados.[101]

---

100 BENTES, 2021, n.p., grifos nossos.
101 BENTES, 2021, n.p., grifo nosso.

Habituar alguém a ter determinada conduta, sem perguntar se gostaria daquele novo hábito, sem que o usuário se dê conta de que o seu comportamento pode estar sendo direcionado, é algo que deve ser problematizado. Quando o hábito tem boas consequências para o usuário, esse novo comportamento pode até fazer sentido. Agora, quando o hábito criado não tem boas consequências para o usuário, uma grande interrogação sobre esta prática deve ser levantada.

Quando a estrutura é dependente do usuário, por que não criar dependência no usuário? Algumas dessas estruturas podem considerar compensatório criar dependência no usuário, colocando os interesses da estrutura à frente dos interesses do usuário.

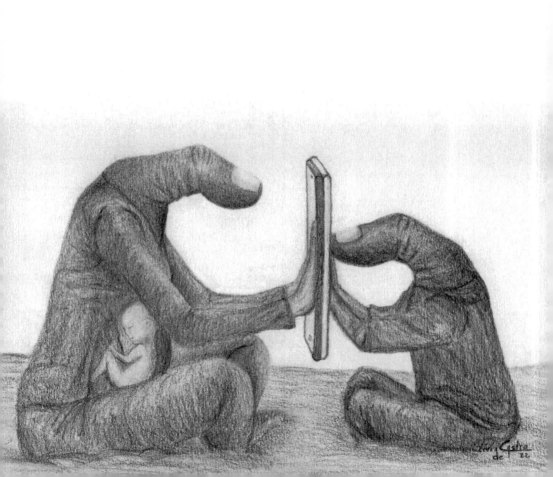

3 | A FUGA DE SI MESMO, DEPENDÊNCIA E ABUSO DE INTERNET

> *E, assim, embora o leigo ainda considere as telas digitais um advento eminentemente positivo, dado as grandes possibilidades que elas nos propiciam, por trás dessa admiração sem limites há um importante véu que precisa ser descortinado, para que a totalidade de seus impactos possam ser melhor dimensionados e, principalmente, seu efeito colateral, ainda pouco entendido, ser melhor apercebido. Notório a todos, o uso abusivo das telas digitais vem se tornando um problema cada vez maior, embora o reconhecimento social mais amplo ainda sofra com certa letargia e displicência. [...] segundo a OMS, estima-se que 6% da população mundial (458 milhões de pessoas) sofra com algum tipo de adversidade derivada do uso descontrolado das telas digitais.*[102]
>
> ABREU

As mídias digitais, no contexto da economia da atenção, podem facilitar ou causar ao indivíduo a fuga de si mesmo, a fuga de sua realidade íntima? Se sim, por quê? Esta é a pergunta que mobiliza a trajetória deste capítulo. Aqui desenvolveremos alguns dos aspectos sobre a fuga, sem pretensão de esgotar o assunto, tendo como objetivo trazer à tona provocações, muito mais do que respostas, para contribuir modestamente ao debate.

É cada vez mais perceptível a frequência de casos de pessoas com padrão de dependência das mídias digitais ou compulsão por elas e por seu universo cheio de novidades. Percebemos casos de pessoas com esse

---

102 ABREU, 2021, p. 18

padrão em nosso convívio pessoal, assim como em relatos distantes. Colocar ênfase nessa discussão nos parece relevante, pois é uma temática que atravessa diversos grupos da sociedade, podendo desestruturar, além do indivíduo, o tecido social, criando pequenos rasgos, e pequenos rasgos têm o potencial de se tornarem grandes. Como vimos, diversas empresas dependem do tempo e da atenção do usuário – e de seus dados – e, por dependerem dele, podem estar causando dependência nele. Começaremos falando da fuga.

A FUGA

> **FUGA** *(al. Flucht; it. Fuga). Heidegger chamou de Fuga de si mesmo o homem entregar-se à banalidade da existência cotidiana. O retorno dessa Fuga é a angústia [...]*.[103]
> ABBAGNANO

Fugir: um dos recursos para lidar com situações difíceis da vida. **Fugir de** um país autoritário. **Fugir de** um casamento abusivo. **Fugir do** caos da metrópole. **Fugir de** uma serpente. **Fugir de** casa quando criança porque recebeu uma bronca dos pais que a amam – neste caso foge até a esquina, senta-se na calçada, levanta-se e retorna. **Fugir dos** problemas cotidianos. **Fugir de** si mesmo. **Fugir de**.

Mas quando fugimos, fugimos *para* algum lugar, para uma outra circunstância. **Fugir para** um país mais democrático. **Fugir para** a casa de amigos acolhedores. **Fugir para** um fim de semana no campo. **Fugir para** o bar. **Fugir para** o entorpecimento. **Fugir para** o entretenimento: videogame, redes sociais digitais, séries "maratonadas" em plataformas com serviços de *streaming*.

---

103 ABBAGNANO, N. Dicionário de Filosofia. São Paulo: Editora WMF Martins Fontes, 2012.

Há fugas de pessoas de uma realidade exterior para outra. Quando fugimos de uma realidade exterior para outra realidade exterior, encontramos um outro lugar. No entanto, a fuga da realidade interior não encontra "outro interior para habitar", permanecendo em um estado de uma "quase ausência" de si mesmo, que chamamos de fuga de si mesmo. Aquele que foge de si é motivo de desencontro consigo mesmo. O contraponto à fuga de si mesmo é a busca de si mesmo, a aproximação de si mesmo, o encontro consigo mesmo.

A fuga da realidade exterior para outra pode ser uma busca pela sobrevivência, uma busca pela liberdade, uma busca pela vida, uma busca pela calma, uma busca pelos afetos. Está diretamente, neste caso, vinculada à busca de si mesmo – em contraponto à fuga de si mesmo –, indo ao encontro daquilo que pode fazer sentido. Mas vale ressaltar que às vezes fugir de uma realidade exterior pode estar diretamente vinculado a uma fuga da realidade interior.

A fuga da realidade interior, a fuga da realidade íntima, ou a fuga de si mesmo, pode ter várias razões. No entanto, o que nos interessa é a relação da pessoa, nesse caso usuária, que se utiliza das mídias digitais – dentro da lógica da economia da atenção – para vivenciar, consciente ou inconscientemente, a experiência da fuga de si mesmo.

A comunicação é uma área interdisciplinar, atravessada por diversos saberes. Este capítulo estará atravessado pela área da comunicação, vinculada, majoritariamente, à da saúde, como a medicina, a psicologia, assim, vamos adentrar esse ramo do saber, não cabendo a nós diagnosticar, mas levantar o tema para debatê-lo, e, principalmente, provocar reflexões sobre a possibilidade do uso e abuso das tecnologias midiáticas.

Se a relação com as mídias digitais pode ser benéfica em certa medida, pode se tornar prejudicial se exagerada ou mal vivenciada. Quando nos embrenhamos no tema da fuga de si mesmo através das mídias digitais, isso coloca em evidência a opção de não encarar – consciente ou inconsciente-mente – as questões íntimas. A este tipo de fuga que daremos enfoque. Pois as mídias digitais, mesmo no contexto da economia da atenção, podem ser benéficas, quando lazer, entretenimento e repouso, mas também podem ser motivo de grandes ciladas para o usuário, prejudicando-o, provocando, em certos casos, estremecimento da realidade íntima e social.

Uma relação adequada ou inadequada com as mídias digitais depen-derá então, geralmente, de qual a intenção inicial e, principalmente, qual a consequência do ato. Quando a relação tem como consequência a saúde física, mental, emocional, social etc., enquadraremos como adequada, no entanto, quando ela prejudicar a qualidade de vida pessoal e de seu entor-no, enquadraremos como inadequada, podendo ter como consequência a fuga de si mesmo.

Dentro desse recorte de uma "fuga para" as mídias digitais, o termo mídia digital abraça: as redes sociais digitais Tiktok, Instagram, Whatsapp, Facebook; inúmeros aplicativos para baixar e usar em um smartphone; a televisão e seus programas; as séries e filmes como as de plataformas com serviços de *streaming*: Netflix, Disney+, Amazon Prime, Apple TV; os jogos que podem ser jogados em videogames, computadores de mesa, smartphones, notebooks, e tantos outros, geralmente audiovisuais, desfrutados através de telas que emitem som, que precisam do nosso tempo e atenção.

COMPULSÃO DE MÍDIA DIGITAL

> *Praticamente ninguém se pergunta a razão pela qual os eletrôni-cos e as telas digitais são, de forma recorrente, os presentes mais pedidos (cerca de 85%) pelas crianças e adolescentes, nos Natais passados, em países como a Inglaterra ou os EUA, apenas para dar um exemplo. A própria mídia leiga ainda resiste em tornar mais ampla e disseminada a informação de que há "um outro lado*

*da moeda", ou seja, vale dizer então que apenas na China são contabilizados mais de **150 hospitais** psiquiátricos voltados única e exclusivamente ao tratamento dos vícios e das dependências tecnológicas de jovens e adultos. Curioso ainda não termos visto ninguém perguntando aos fabricantes mundiais de vídeo games, por exemplo, o que significa, de fato, registrar em 2019 um lucro de 158 bilhões de dólares. Apenas para termos uma noção de grandeza, seria esse também o mesmo valor que custaria ao mundo poder levar água potável para todos os habitantes do planeta.[104]*

ABREU

No capítulo 8 do livro *Dependência da Internet*, obra referência para o tratamento de Dependência de Internet e Novas Tecnologias do Hospital das Clínicas de São Paulo, disponibilizado para profissionais em seu site[105], David Greenfield aborda aspectos importantes sobre a compulsão de mídia digital. Diz o autor:

> Talvez os nomes mais exatos até o momento sejam comportamento compulsivo possibilitado pela internet ou compulsão de mídia digital, pois muitos comportamentos anteriormente associados apenas à **internet** foram agora incorporados a muitos dos **aparelhos digitais** mais recentes, [...] aparelhos de jogos de mesa/portáteis e smartphones conectados à internet, assim como computadores de mesa, laptops e netbooks. Os fatores psicológicos básicos que explicam a natureza adictiva de internet se aplicam principalmente a essas **tecnologias inter-relacionadas**.[106]

---

104 ABREU, 2021, p. 16-17, grifo nosso.
105 Dependências de internet. Disponível em: <https://www.dependenciadeinternet.com.br/ artigos. php?panel=#artigos>. Acesso em: 10 jul. 2021.
106 GREENFIELD, 2011, p. 169, grifos nossos.

Nesse trecho, Greenfield, fundador do *The Center for Internet and Technology Addiction,* se refere ao comportamento compulsivo possibilitado pela internet inter-relacionada com as tecnologias, como as mídias digitais. Observemos o que ocorre de similitude nos neurotransmissores do cérebro fazendo um paralelo entre as drogas, sexo, comida etc. e a internet/mídia digital:

> O neurotransmissor que parece estar mais associado à experiência de prazer é a **dopamina**; sabemos, depois de anos de pesquisa, que **drogas, álcool, jogos de azar, sexo, comida** e até mesmo o **exercício físico** envolvem mudanças nesse neurotransmissor (Hartwell, Tolliver e Brady, 2009). Em essência, nos tornamos dependentes do intermitente e imprevisível fluxo de **dopamina** que passa a ser classicamente associado à substância ou comportamento que utilizamos. É aqui que a internet se encaixa.[107]

Como vemos, a dopamina, experiência de prazer, é um dos aspectos cruciais associados a padrões de dependências ou compulsões. De acordo com Greenfield, há dois componentes intoxicantes na relação com a internet:

> O primeiro é a **elevação da dopamina** ou actual hit, e o segundo é a intoxicação, na forma do desequilíbrio ou evitação no restante da vida da pessoa. Isso se manifestaria como um impacto em uma ou mais esferas importantes da vida (relacionamentos, trabalho, desempenho acadêmico, saúde, finanças ou situação legal). [...] Essa **elevação da dopamina** é então seguida por um padrão de dependência, que traz consequências negativas para a vida (incluindo vergonha e culpa); esse padrão de consequências aumenta

---

107 GREENFIELD, 2011, p. 169, grifos nossos.

o desejo de alterar o humor e a consciência em busca de um amortecimento psíquico, uma automedicação, facilitando assim o uso e abuso posteriores.[108]

E se a dopamina, experiência de prazer, é um dos aspectos cruciais associados a padrões de dependências ou compulsões, como lidar com ela quando as mídias digitais têm cada vez mais trabalhada a intenção de agradar e agradar, entreter e entreter, seduzir e seduzir, acariciar e acariciar o usuário?

BEM-VINDOS AO PARAÍSO ALGORÍTMICO

Conto

Bem-vindos ao paraíso algorítmico

Já pensou entrar numa loja perfeita, em que tudo que há nela é exclusivamente pensado para você? Ou sentar-se no sofá mais confortável do mundo? Ou, se preferir, vestir aquela bela roupa, de alfaiataria sob medida, quente e elegante, num dia gelado, e se sentir sofisticado, aquecido, abraçado? Ou, ainda, mamar a mamadeira mais saborosa remetendo ao sabor de infância e acolhimento que nunca imaginou? Imaginou? Gosta da ideia? Bem, talvez não goste destes exemplos, destes pequenos mundos. Quem sabe o seu perfil seja de um céu onde o conflito impere?

---

108 GREENFIELD, p. 171-174, grifos nossos.

Que tal, então, um lugar como o filme Clube da Luta, onde possa trocar golpes sem se machucar? Um duelo que pode desligar assim que começar a perder? Dar rasteiras e desaparecer? Prefere assim? Boa! Não? Tudo bem também. Independente do que foi dito, seja bem-vindo ao paraíso que você projetar. Ao seu paraíso customizado. E como alcançá-lo? É mais fácil do que pensa. Basta fornecer seus dados, tempo, atenção e subjetividade que lhe daremos em troca o seu paraíso. Gostou? Clique aqui.

Quando falamos de "paraíso algorítmico", com experiência hiperpersonalizada, os aparelhos como smartphones, aplicativos e sites de uso pessoal saem na frente, pois são capazes de compreender o comportamento, gosto e subjetividades do usuário. Os canais da TV aberta tradicional, por exemplo, têm mais dificuldade de entender o que chama minuto a minuto, segundo a segundo, a atenção de uma pessoa. Já uma pessoa que acessa uma plataforma como o Youtube, com seu perfil logado, através de seu smartphone, fornece muito mais informações pessoais, para que a experiência seja cada vez mais personalizada, logo, atraente. Isso devido à programação algorítmica, à sedução algorítmica.

Assim, poderíamos comparar a experiência de assistir à TV aberta à de fazer compras em uma grande loja de varejo de moda popular, ou seja, tem bastante opções de roupas, feitas para servir e agradar muitas pessoas ao mesmo tempo; já a experiência de um usuário de Youtube, por exemplo, é a de fazer compras em uma alfaiataria sob medida, isto é, "agora sim, do jeitinho que eu gosto". Lembrando que se o algoritmo reconhecer que a pessoa prefere uma "alfaiataria varejo" também será possível.

Sabemos que cada vez mais os meios de comunicação de massa tradicionais – como os canais televisivos da TV aberta –, hoje também habitam o "WWW", possuem sites, plataformas, aplicativos próprios, podendo compreender seu público de maneira mais pontual, além, é claro, de possuírem outros medidores.

O RESPIRO

Como já falamos, a fuga de uma realidade exterior para outra realidade exterior pode ser positiva, vide o caso de países totalitários e relacionamentos abusivos, em que pessoas têm a fuga como sinônimo de sobrevivência e vida, diferente, portanto, da fuga da realidade íntima, fuga de si mesmo, que tem como característica a predisposição da ausência da consciência, estando mais próxima da alienação de si.

No entanto, há outros aspectos a que queremos dar ênfase, que não são considerados propriamente uma fuga da realidade íntima, mas formas de romper com uma circunstância que merece respiro. Vide a importância do lazer, do passatempo, do repouso, da meditação e até mesmo de um retiro, como mostra o trecho a seguir, de um dos mais influentes pensadores de nosso século, Yuval Noah Harari:

> Desde esse primeiro curso, em 2000, comecei a meditar durante duas horas por dia, e todo ano faço um longo retiro por um ou dois meses. Não é uma **fuga da realidade**. É entrar em contato com a realidade. Durante no mínimo duas horas por dia eu efetivamente observo a realidade como ela é, enquanto nas outras 22 horas eu fico assoberbado com e-mails e tuítes e vídeos de cãezinhos fofos. Sem o foco e a clareza que essa prática propicia, eu não poderia ter escrito Sapiens e Homo Deus. Para mim, pelo menos, a meditação nunca entrou em conflito com a pesquisa

científica. Antes, tem sido outro instrumento valioso na caixa de ferramentas científica, especialmente quando se tenta compreender a mente humana.[109]

O tempo longo de atenção, reforçamos, passa a ser um desafio contemporâneo. De acordo com doutora em Comunicação da UFRJ Fátima Régis, "há um consenso em relação ao fato de que a indústria do entretenimento vem se transformando a 'olhos vistos'". Mas, segundo a autora, haveria ainda uma lacuna sobre a natureza dessa mudança:

> Por exemplo, se na Modernidade o desenvolvimento da atenção foi fundamental para a concentração e a capacidade seletiva do indivíduo (Cf. Crary, 2001), hoje parece que, além da atenção e percepção seletivas extremamente aguçadas para realizar tarefas como a busca da informação desejada e a exploração no mundo dos jogos, o indivíduo precisa de uma dose de desatenção (déficit de atenção) para captar as informações fragmentadas no meio ambiente e realizar **múltiplas tarefas** simultaneamente.[110]

Sobre a ideia, hoje tão disseminada, de **multitarefas**, o psicólogo Abreu, com pós-doutorado pelo Departamento de Psiquiatria do Hospital das Clínicas da Faculdade de Medicina da USP, reforça o quanto essa expressão reproduz um erro, afinal, o cérebro não é capaz de realizar várias atividades simultaneamente. Segundo ele, a expressão, na verdade, "não segue a linha de melhoria da saúde mental, mas provoca um tipo de exaustão mental ou, dito em outras palavras, ocasiona uma espécie de

---

109 HARARI, 2018, p. 382-383, grifo nosso.
110 RÉGIS, 2008, p. 34, grifo nosso.

burnout cognitivo"[111]. Dentro desse contexto, Abreu menciona estudos que mostram, entre as consequências adversas do uso constante de telas digitais, a diminuição da capacidade de atenção já em crianças.

O lazer e o repouso são, na circunstância do "mundo multitarefas e da urgência", deixados mais e mais de lado. Quando não dormimos ou não descansamos, há uma maior probabilidade de doenças físicas e mentais, é por isso que, por exemplo, as férias fazem parte de um direito do trabalhador, sendo fundamentais para saúde mental e do organismo. Como vimos no primeiro capítulo, momentos de lazer e repouso são, segundo Lipovetsky, uma necessidade antropológica, algo que toda sociedade deve garantir, pois oferece a possibilidade de respiro, do esquecimento das preocupações, das responsabilidades. São, para o autor, parte do combate do leve contra o pesado, sendo as festas, o riso, as brincadeiras e as farsas algumas de suas manifestações mais conhecidas.

De tal modo, sabemos que uma série de humor, uma partida de jogo eletrônico, brincadeiras mediadas por telas, podem ser uma forma de lazer, de descompressão, de respiro. E quando abrimos mão de pensar, por algum momento, no peso de certas responsabilidades, ou quando esquecemos, temporariamente, as preocupações da vida, não categorizamos aqui como alienação de si, ou fuga da realidade, mas como um respiro. Porém, é importante termos consciência de que o nosso tempo livre, tempo de fruição, pode estar sendo gerenciado por terceiros e não necessariamente por nós. Nesse contexto, se torna fundamental a capacidade de viver a experiência do lazer e do repouso genuinamente, mesmo na circunstância da economia da atenção. Para que isso seja possível, é importante seguirmos atentos, com a atenção em nossas reais necessidades, sem confundi-las

---

111 ABREU, 2021, p. 20, grifo nosso.

com as necessidades de certas empresas que buscam a qualquer custo – ou a custos altíssimos – nosso tempo e atenção.

FUGA DE SI MESMO

Vejamos um paralelo, traçado por Greenfield, que associa a internet/ mídia digital à dependência do álcool e outras substâncias:

> No caso do abuso ou dependência de substâncias ou álcool estão presentes outros fatores, incluindo intoxicação fisiológica, tolerância e abstinência. Também sabemos que o abuso de drogas ou álcool traz resultados fisicamente prejudiciais. A internet compartilha algumas dessas características, mas não todas, e apresenta alguns aspectos novos e exclusivos. No caso da dependência de internet podemos ver aspectos de tolerância e abstinência com concomitante desconforto físico (principalmente na forma de sintomas semelhantes aos de **ansiedade** ou irritabilidade elevada) quando os pacientes interrompem ou alteram seus padrões de uso. Muitos pacientes relatam esses sintomas de abstinência quando descontinuam ou diminuem o uso de **internet** e de outras tecnologias de **mídia digital**; frequentemente, esses sintomas e reações são confirmados por membros próximos da família e amigos.[112]

De acordo com a Organização Mundial de Saúde (OMS), o Brasil é o país mais ansioso do mundo, sendo que a ansiedade, dentre outros aspectos, pode vir à tona como sintoma de abstinência aos dependentes de internet/mídia digital. Neste paralelo com o álcool, Greenfield relembra

---

112 GREENFIELD, 2011, p. 170-171, grifos nossos.

que atualmente o termo "adicção" já não é utilizado nas nomenclaturas psiquiátrica e psicológica, e sim "abuso" ou "dependência", juntamente com outros marcadores de habituação fisiológica. Segundo o autor, são 4 os principais critérios que satisfariam o que seria algo muito semelhante a uma dependência de substância:

1. um comportamento que produz intoxicação/prazer (com a intenção de alterar o humor e a consciência),
2. um padrão de uso excessivo,
3. um impacto negativo ou prejudicial em uma esfera importante da vida, e
4. A presença de aspectos de tolerância e abstinência.

Em 1º janeiro de 2022, entrou em vigor a atualização da Classificação Estatística Internacional de Doenças e Problemas Relacionados com a Saúde, da OMS, o CID-11, incluindo o *Gaming disorder* (6C51) – "transtorno de jogo". Importante reforçar que um usuário de videogame (ou de qualquer mídia digital) não possui, de antemão, transtorno por jogar, e que tais jogos podem, inclusive, contribuir para o desenvolvimento de habilidades, além de serem motivo de lazer e qualidade de vida. Mas o ponto que discutimos agora é quando isso passa a ser prejudicial. Vejamos, a título de comparação, os critérios da OMS:

O **transtorno do jogo** é caracterizado por um padrão de comportamento persistente ou recorrente do jogo ("jogos digitais" ou "vídeogames"), que pode ser on-line (ou seja, pela internet) ou off-line, manifestado por:

1. controle prejudicado sobre o jogo (por exemplo, início, frequência, intensidade, duração, término, contexto);

2. aumento da prioridade dada ao jogo na medida em que o jogo tem precedência sobre outros interesses da vida e atividades diárias; e

3. continuação ou escalonamento do jogo, apesar da ocorrência de consequências negativas.

O padrão de comportamento de jogo pode ser contínuo ou episódico e recorrente.

O padrão de comportamento de jogo resulta em sofrimento [angústia] acentuado ou comprometimento significativo em áreas pessoal, familiar, social, educacional, ocupacional ou outras áreas importantes de funcionamento. O comportamento de jogo e outros recursos são normalmente evidentes durante um período de pelo menos 12 meses para que um diagnóstico seja atribuído, embora a duração necessária possa ser encurtada se todos os requisitos de diagnóstico forem atendidos e os sintomas forem graves.[113]

O estudo do abuso/dependência de mídias digitais é recente em comparação a outras áreas da medicina. É claro que há outros marcadores que poderíamos ter como base para análise e comparação, mas partimos destes para a nossa reflexão. As mídias digitais e a internet, de acordo com Greenfield, podem ser motivo de abuso e conter um potencial de dependência por produzirem experiências significativas de prazer.[114] Mas o que chama atenção não são os casos evidentes de grande abuso e dependência, e sim os pequenos abusos, pequenos excessos, e a dificuldade de percebê-los

---

113 OMS. CID-11, Gaming disorder (6C51). Disponível em: <https://icd.who.int/browse11/l-m/en#/httttp%3a%2f%2fid.who.int%2ficd%2fentity%2f1448597234> . Acesso em 30 de janeiro de 2022. Grifos nossos, tradução nossa.

114 Para Greenfield: "Muitos comportamentos prazerosos se tornam adictivos, e já que a **internet** e outras tecnologias de **mídia digital** produzem experiências significativas de prazer de acordo com essa teoria, o seu uso pode produzir ou conter um potencial de dependência." (2011, p. 174, grifos nossos)

no cotidiano. Vale ressaltar mais uma vez que não demonizamos as mídias digitais e a internet, mas estamos atentos às consequências, convidando ao debate para um uso equilibrado, afinal, como diz Greenfield, "ela prende a nossa atenção, apresenta novidades estimulantes intermináveis, minimiza a interação social em tempo real, e nos fornece reforço e recompensas sociais ilimitadas."[115] É por isso que, segundo ele, não é surpresa que tantas pessoas tenham grande dificuldade em mudar alguma coisa que é tão divertida e tão adaptativa.

E como pode entrar a fuga de nós mesmos nessa relação com a internet e as mídias digitais?

> A inércia psicológica geralmente é sentida como prazerosa (alimentando o ciclo de dependência), pois bloqueia o que poderíamos ver como auto-derrota e teríamos de enfrentar. A internet muda tudo isso porque não há praticamente nenhum limiar a atravessar, nenhuma demora, e nós a sentimos como uma forma de gratificação instantânea.[116]

O intrigante é que este tipo de fuga de nós mesmos nos faz criar uma prisão dentro do mundo exterior, renunciando ao mundo interior. Nos aprisionamos para fora de nós mesmos. A cadeia, nesse caso, é o mundo exterior de infindas possibilidades e o ato de abrir a cela é possibilitar o contato com o mundo interior. A ilusão está em achar que o mundo exterior customizado para nós foi totalmente elaborado por nós. Não. Não foi. Foi através de programações algorítmicas bem elaboradas, com equipes de experts, contratados por empresas das mais lucrativas do mundo,

---

115 GREENFIELD, 2011, p. 182.
116 GREENFIELD, 2011, p. 178.

buscando entender o que nos garante ficar frente a uma tela que emite som o maior tempo possível. Se formos daqueles que entendem de algoritmos, capazes de educá-los, com uso moderado e não abuso, aumentando a real qualidade de vida, ótimo! Agora, caso essa circunstância possa prejudicar a qualidade de vida, atenção! Atenção para não darmos atenção demais.

INFOXICAÇÃO

Como vemos, não é à toa a Organização Mundial da Saúde se utiliza hoje do termo "infodemia". De modo similar, na década de 1990, Alfons Cornella, físico espanhol, cunhou "infoxicação", neologismo que era uma palavra-valise de informação com intoxicação, buscando dar conta dessa patologia moderna, em que o indivíduo desenvolve uma espécie de compulsão por notícias e fica incapacitado de analisar criticamente as informações recebidas:

> O *infoxicado*, assim como alguém que está contaminado por um vírus, compartilha mentiras e propaga informações falsas, pois já não consegue avaliar a veracidade daquilo que recebe. Esse indivíduo também não consegue medir as consequências dos danos que pode causar propagando mentiras e não possui qualquer senso de responsabilidade sobre as notícias que compartilha.[117]

É como entrar em uma loja de perfumes e começar a conhecer, cheirar, avaliar as fragrâncias. Depois de determinado momento, o olfato começa a perder a capacidade de distinguir entre um aroma e outro. Os perfumes

---

117 SAGE. Infoxicação o que é e como evitar. Disponível em: <https://blog.sage.com.br/infoxicacao-o--que-e-e-como-evitar/> . Acesso em: 28 jul 2020.

se misturam. Não conseguimos mais reconhecer, analisar. Alguns ainda indicam cheirar café, outros a própria roupa ou a própria pele, para "limpar o nariz". Mas, de qualquer maneira, enfraquecemos a capacidade de discernir. O excesso faz com que o crivo da razão alargue os espaços da peneira analítica, do filtro da sensatez, que seleciona, escolhe, reconhece, discerne.

O conceito de Síndrome da Fadiga Informativa, criado pelo psicólogo David Lewis, é usado para definir o que pode acontecer nesse excesso, quando pessoas que precisam lidar com um excesso de informação se sentem "paralisadas em sua capacidade analítica, ansiosas e cheias de dúvidas, o que pode resultar em decisões mal tomadas e conclusões erradas.[118]

Cornella, em entrevista disponível em seu site pessoal, apresenta a seguinte reflexão:

> Eu me lembro de ter ouvido uma coisa dita há uns anos por um jornalista espanhol a quem respeito muito, Ignacio Ramónet, que escreveu que nestes momentos a melhor forma de censura é o excesso de informação. Se você quer que as pessoas fiquem confusas e que não recebam a informação verídica, você então deve oferecer muita informação, quanto mais confusa melhor, para que as pessoas não saibam qual é a informação em que devem acreditar. Creio que o fenômeno da fake news vai neste mesmo sentido, a ideia é: gera-se muita informação, de múltiplas direções, até o ponto em que as pessoas estão muito confusas, ou seja: não sabem em quem prestar atenção, não sabem em quem acreditar e acabam [...] acreditando naquele que tem uma ideologia mais próxima da sua.[119]

---

118 DIGUÊ, P.; LOES, J. Intoxicados de informação. IstoÉ. Disponível em: <https://istoe.com.br/139296_INTOXICADOS+DE+INFORMACAO/> . Acesso em: 10 jul 2020.
119 CORNELLA, A. Infoxicacion. Disponível em: <https://alfonscornella.com/2018/ 08/08/infoxication-portuguese-spanish/> . Acesso em: 20 jul. 2020.

Como acabamos de ler, o excesso de informação pode servir como censura. Indo na mesma linha, Lipovestky e Serroy: "No Ocidente, a liberdade não é ameaçada pela falta, pela censura, pela limitação; ela o é pela superinformação, pela overdose, pelo caos que acompanha a própria abundância."[120]

INTERATIVIDADE VS. INTERPASSIVIDADE

Adentraremos os conceitos de interatividade e, em especial, interpassividade, apresentado pelo filósofo esloveno Slavoj Zizek em seu livro *Como Ler Lacan*. Vamos aos dois conceitos:

> Para compreender corretamente esse estranho processo, deveríamos suplementar a noção tão em moda de **interatividade** com seu estranho duplo, a **interpassividade**. É lugar-comum enfatizar como, com os novos meios eletrônicos, o consumo passivo de um texto ou obra de arte está ultrapassado: não mais apenas contemplo a tela, interajo com ela cada vez mais, entrando numa relação dialógica com ela (escolhendo os programas, participando de debates numa comunidade virtual, ou mesmo determinando diretamente o desfecho da trama nas chamadas "narrativas interativas"). Os que louvam o potencial democrático dos novos meios geralmente se concentram precisamente nessas características: em como o ciberespaço dá à grande maioria das pessoas a oportunidade de escapar do papel do observador passivo que acompanha um espetáculo encenado por outros, e de participar ativamente não só do espetáculo, mas, cada vez mais, do estabelecimento das regras do espetáculo.

---

120 LIPOVETSKY; SERROY, 2011, p. 80-81.

O outro lado dessa **interatividade** é a **interpassividade**. A contraparte da interação com o objeto (em vez do acompanhamento passivo do espetáculo) é a situação em que o próprio objeto tira de mim minha passividade, priva-me dela, de tal modo que é o objeto que aprecia o espetáculo em vez de mim.[121]

Compreende-se que é o objeto que aprecia o espetáculo em vez de mim. Zizek traz os exemplos das carpideiras, mulheres que pranteiam e fazem o trabalho de luto por nós, assim como nas rodas de oração do Tibete, em que rezam por nós:

> Em algumas sociedades, o mesmo papel é desempenhado pelas chamadas carpideiras (mulheres contratadas para chorar nos funerais): elas representam o espetáculo do luto para os parentes do morto, que podem dedicar seu tempo a esforços mais lucrativos (como dividir a herança). Algo semelhante acontece com a roda de orações do Tibete: eu prendo na roda um pedaço de papel em que a prece está escrita, giro-a mecanicamente (ou, mais prático ainda, deixo que o vento ou a água a girem), e a roda está rezando por mim - como diriam os stalinistas, "objetivamente" eu estou rezando, mesmo que meus pensamentos estejam ocupados com as mais obscenas fantasias sexuais.[122]

De modo similar, é possível encontrar no Facebook pessoas que postam um texto (que, por ironia, não foram elas que escreveram) solicitando no final do longo parágrafo: "se você leu este texto até aqui, apenas comente e não curta, assim saberei se você realmente leu". Mesmo assim, muitos

---

121 ZIZEK, 2010, p. 33-34.
122 ZIZEK, 2010, p. 33.

usuários adicionados como amigos apenas curtem, provando que não leram. Ou, outro exemplo, no Instagram, pessoas que curtiram e comentaram um vídeo, mas que não o assistiram por inteiro, rasgando elogios. Sobre a interpassividade, Zizek continua:

> No caso da **interpassividade** [...] sou passivo através do Outro. Concedo ao Outro o aspecto passivo (gozar) de minha experiência, enquanto posso continuar ativamente empenhado (posso continuar a trabalhar à noite, enquanto o videocassete goza passivamente por mim; posso tomar providências financeiras relativas à fortuna do falecido enquanto as carpideiras pranteiam por mim). Isso nos leva à noção de falsa atividade: as pessoas não agem somente para mudar alguma coisa, elas podem também agir para impedir que alguma coisa aconteça, de modo que nada venha a mudar.[123]

Agir para impedir que alguma coisa aconteça, isto é: podemos nos distrair nas redes sociais, curtindo, comentando, debatendo, compartilhando, como forma de boicote daquilo com que deveríamos realmente nos ocupar. Tanto trabalho – falsa atividade – para permanecer passivo. Ser muito ativo – interativo – como estratégia de passividade – interpassividade. Pode parecer um paradoxo, mas há atividades que mascaram a passividade, como nos alerta Zizek. Observemos, agora, outro excelente exemplo:

> Aí reside a estratégia típica do neurótico obsessivo: ele é freneticamente ativo para evitar que a coisa real aconteça. Por exemplo, numa situação de grupo em que alguma tensão ameaça explodir, o obsessivo fala o tempo todo para impedir o momento embara-

---

123 ZIZEK, 2010, p. 36.

çoso de silêncio que compeliria os participantes a enfrentar abertamente a tensão subjacente. No tratamento psicanalítico, neuróticos obsessivos falam constantemente, inundando o analista com anedotas, sonhos, insights: sua atividade incessante é sustentada pelo temor subjacente de que, se pararem de falar por um instante, o analista vá lhes fazer a pergunta que realmente importa – em outras palavras, eles falam para manter o analista imóvel.[124]

Em redes sociais digitais, como no Instagram, por exemplo, pode haver certas manifestações que comunicam determinado posicionamento político, em que se compartilha vídeos, como se fosse a roda de oração do Tibete, a pessoa, assim, sente que está se posicionando realmente, considerando ser mais que o suficiente, enquanto almoça ou toma um café. Sem levar em conta, ademais, os "filtros bolha", "câmaras de eco", "fixação de crenças".

E se o usuário tende nas plataformas a ser passivo – pois até checar uma informação demandaria estudo, atividade e empenho –, então melhor ser interpassivo – faço o que tem de ser feito sem realmente fazê-lo.

F.O.M.O. – FEAR OF MISSING OUT

Na década de 1990, surgiu, antes dos smartphones, antes das redes sociais on-line, o bichinho virtual "tamagotchi". Em formato de chaveiro, o tamagotchi foi criado pelo fabricante Bandai[125], mas havia vários modelos similares e de outros fabricantes. Basicamente, a brincadeira com esses

---

124 ZIZEK, 2010, p. 36-37.
125 DECCACHE, M. Sucesso dos anos 1990, o bichinho virtual Tamagotchi renasce. Veja. Disponível em: <https://veja.abril.com.br/tecnologia/sucesso-dos-anos-1990-o-bichinho-virtual-tamagotchi-renasce/> . Acesso em: 1 fev 2022.

bichinhos virtuais consistia em alimentá-los adequadamente, dar banho, brincar, ler etc., cuidando e dando atenção para que não ficassem doentes e morressem. Quando ficavam doentes, era possível curá-los, tendo que cuidar com mais dedicação, logo, mais atenção. Foi uma febre na época, e os alunos os levavam para a escola, atrapalhando frequentemente as aulas, pois os bichinhos reclamavam o tempo e a atenção dos alunos, seus donos. Um simples brinquedo, que cabia na palma da mão, já carregava características que promoviam a fragmentação do tempo de atenção, a necessidade de checagem constante, a possibilidade da multitarefa etc., um comportamento similar ao comumente exigido do usuário de um smartphone conectado à internet.

Esse comportamento lúdico dos anos 1990 remete a situações como a do FOMO – *fear of missing out*, em inglês –, traduzido livremente como "medo de ficar de fora", "medo de perder algo". De acordo com a psicóloga Dora Góes, FOMO pode ser definido como "o receio e a preocupação de que os outros possam estar tendo, naquele momento, experiências prazerosas das quais o indivíduo em questão não está fazendo parte."[126] A pessoa com FOMO sente, assim:

> [...] um eminente desejo de estar conectado a fim de saber o que os outros estão postando nas redes sociais. No final das contas, o medo de perder algo, não só desconecta uns dos outros, pois a "preocupação" ou inquietude toma conta do sujeito, mas impede uma vivência mais plena do momento presente. Assim, o FOMO ativa as inseguranças pessoais e está intimamente ligado ao uso excessivo de redes sociais através do celular, tablets ou computador.[127]

---

126 GÓES, 2021, p. 66.
127 GÓES, 2021, p. 66.

As pessoas mais afetadas pelo FOMO são da geração millenials, isto é, nascidas entre 1981 e 1995[128]. É claro que o comportamento frente ao bichinho virtual não pode ser comparado ao FOMO, mas é curioso perceber que a mesma geração que vivenciou a febre dos bichinhos virtuais também é a geração do FOMO. A psicóloga Zerbinatti, ao comentar sobre o relançamento do bichinho virtual em 2021, parece estar se referindo não ao bichinho virtual, mas ao FOMO:

> Mas, quando começarem a circular, uma questão parecerá se impôr: qual será o papel emocional dos eletrônicos? "O excesso de dedicação exigida pode não ser saudável", diz a psicóloga Ana Lídia Zerbinatti, da Escola da Inteligência, instituto voltado para os cuidados emocionais na infância. "As crianças precisam de um tempo razoável para conseguir se concentrar e concluir tarefas, e esse tipo de brinquedo faz o oposto, chamando a atenção a todo momento." É um ponto, sim. Mas, como os celulares e tablets estão aí, firmes e fortes, já roubando a concentração infantil, o Tamagotchi tem chance de uma longa vida nesta segunda encarnação.[129]

Paralelos à parte, o FOMO é um ponto de atenção à saúde mental. E não se aplica apenas às redes sociais on-line, tendo origem mais antiga do que se imagina. O termo, que surgiu em 1996 com a pesquisa de Dan

---

128 GIANTOMASO, I. O que é FoMO? 'Fear of missing out' revela o medo de ficar por fora nas redes sociais. Techtudo. Disponível em: <https://www.techtudo.com.br/noticias/2017/05/o-que-e-fomo-fear-of--missing-out-revela-o-medo-de-ficar-por-fora-nas-redes-sociais.ghtml>. Acesso em: 1 fev 2022.
129 DECCACHE, M. Sucesso dos anos 1990, o bichinho virtual Tamagotchi renasce. Veja. Disponível em: <https://veja.abril.com.br/tecnologia/sucesso-dos-anos-1990-o-bichinho-virtual-tamagotchi-renasce/>. Acesso em: 1 fev 2022.

Herman, um estrategista de marketing, passou a aparecer em mais estudos com o crescimento da internet.

> FOMO pode ser usado não só para as redes sociais, mas também para outros cenários, sejam eles digitais ou não, como por exemplo ser a única pessoa que não está acompanhando um reality show, ou ainda não ter comprado aquela peça da roupa que está na moda e todo mundo está usando.[130]

A CILADA DAS PEQUENAS FUGAS SEM INTENÇÃO

Nem sempre queremos perder o trem da volta para casa, mas acontece de conversar um pouco a mais com aquele colega. Nem sempre queremos beber, mas os amigos insistem em fazer festas durante a semana. Nem sempre queremos correr o risco de desenvolver diabetes, mas aqueles docinhos diários disponíveis sorriem para nós. Nem sempre queremos fugir de nós mesmos, mas não sabíamos que não colocar limite nas mídias digitais poderia promover uma relativa ausência de nós mesmos.

Os pequenos atos diários podem ter consequências a curto, médio e/ou longo prazo. Por exemplo, é sabido que o açúcar não causa necessariamente diabetes, mas pode ser um dos agentes que contribuem para o seu surgimento. Assim como a mídia digital não causa necessariamente a fuga da realidade íntima, mas pode ser uma facilitadora para esta conduta. De pouco em pouco. Paulatinamente. E, quando nos damos conta, horas e horas se passaram e determinadas responsabilidades diárias, às vezes,

---

130 ROSA, N. FOMO | Entenda o que é a ansiedade relacionada ao mundo das redes sociais. Canaltech. Disponível em: <https://canaltech.com.br/saude/o-que-e-fomo-178750/>. Acesso em: 1 fev 2022.

não foram executadas, podendo prejudicar uma esfera importante da vida. No Brasil, a média diária de uso de internet é de 9h13 (a segunda maior do mundo, ficando apenas atrás da África do Sul, com 9h24). Já o tempo médio gasto por dia no celular é de 5h02 (a nona maior média do mundo em relação a Indonésia, a qual ocupa a primeira posição, com 6h03). Por fim, em *social media* gastamos em média 3h37 por dia (a terceira maior média do ranking global, ficando atrás da África do Sul, com 3h41; e do primeiro lugar, o Kenya, com 3h43)[131].

> [...] jamais terminamos qualquer coisa na internet. Não há marcadores de tempo quando estamos conectados, o que frequentemente é comparado a estar em um cassino com muitos estímulos, recompensas variáveis e nenhuma estrutura temporal. Sempre existe um outro link, site ou referência a serem encontrados; sempre um outro e-mail a ser aberto, uma nova imagem a ser vista ou outra música a ser baixada.[132]

Também não estamos atrás, nesta pesquisa, de uma alta performance no modo de utilizarmos o tempo, mas propomos uma "autoperfomance", isto é, uma performance que faça sentido para o equilíbrio do "eu", em que a busca pela autonomia – a lei de dentro para fora – possa conviver com o equilíbrio entre o mundo interior e o mundo exterior. E no extremo oposto estaria, poderíamos dizer, a "heteroperfomance", ou seja, uma performance ditada por terceiros, com baixo ou sem nenhum senso crítico, em que a heteronomia – lei de fora para dentro – vigora.

---

131 DATAREPORTAL. *Digital 2024: Global Overview Report*. Disponível em: <https://datareportal.com/reports/digital-2024-global-overview-report >. Acesso em: 22 set 2024.
132 GREENFIELD, 2011, p. 179.

O ponto crítico do comportamento de pequenas fugas é que dificilmente causará abstinência se parar de se relacionar com as mídias digitais. Assim, é difícil encontrar a origem de certos problemas que se alastraram na vida, às vezes começando com uma pequena goteira, passando a uma rachadura e finalmente tendo como consequência a queda do telhado.

A CILADA DA MONTANHA-RUSSA

A escolha de viver a experiência da montanha-russa deve ser feita antes de entrar nela. Afinal, depois de ter sentado no carrinho, apertado o cinto e o trajeto iniciado, o passageiro deverá aguardar todo o percurso para descer. Pensemos no fenômeno atual de "maratonar" séries; bem, muitas vezes os espectadores não tinham se programado para assistir horas e horas de episódios sequenciais, mas dificilmente conseguirão resistir até terminar determinados percursos. Além do mais, as plataformas de compartilhamento e transmissão de vídeo, geralmente, estão previamente configuradas com o início automático do próximo vídeo ou episódio.

Assim, para fruir em produtos e espaços dentro da lógica da economia da atenção, cabe à pessoa fazer a escolha antes, pois depois de iniciar entrará em um circuito, como de uma montanha-russa, que só conseguirá, muitas vezes, parar depois do término.

PARA ALÉM DO "VÍCIO"

> *[...] quando se colocam pessoas em ambientes diferentes, elas se comportam de um jeito diferente. Há muitas maneiras pelas quais a tecnologia pode ser antiética, e até nos privar da nossa liberdade, sem ser "viciante".*
> James Williams [133]

---

[133] WILLIAMS, 2021, n.p.

Na perspectiva de Williams, dar ênfase à questão da dependência no contexto das plataformas digitais, com programações algorítmicas atuando dentro da lógica da economia da atenção, pode enfraquecer o debate e as formas de aprimorar as tecnologias. Vejamos o que o autor acha sobre a temática, começando pelo uso do termo "vício": "além da fronteira clínica estrita para o vício, há o uso coloquial do termo, quando vício quer apenas dizer: 'Uso essa tecnologia mais do que eu gostaria'. Sem definições claras, não demora e as pessoas passam a não falar a mesma língua."

Outro aspecto é discutir o design de programação, que, se nos restringirmos ao critério do vício/dependência, não dará conta de tantas outras nuances da tecnologia eticamente problemáticas. De acordo com Williams, mesmo programações que estimulem comportamentos "meramente" compulsivos, e não comportamentos "viciantes", já podem trazer sérios problemas éticos, o que exige vigilância:

> Precisamos estar especialmente vigilantes quanto a essa subversão do escopo ético no uso do conceito de vício, pois existem incentivos para empresas e programadores se valerem dela: não apenas se define o limiar ético num nível alto e, ao mesmo tempo, vago, como também se lança mão disso para desviar a atenção ética de questões mais profundas acerca do desalinhamento entre objetivos e valores do usuário e da tecnologia. Em outras palavras, manter a conversa focada em questões de dependência serve como uma distração conveniente para questões mais sérias relativas ao objetivo fundamental de uma programação.[134]

Este capítulo buscou alargar um pouco mais o assunto da relação do usuário com as mídias digitais. A dependência, compulsão ou abuso que

---

134 WILLIAMS, 2021, n.p..

encontramos hoje, na vida mediada por telas, tende a ser uma geladeira cheia que, quanto mais se abre, mais comida surge. Contribui, assim, para a personalidade de mentes insaciáveis, devoradoras, repletas de ansiedade, em que cada conteúdo é engolido, ou, mesmo antes de engolir, mastigar ou ruminar, já se prepara a próxima garfada, abrindo mão do tempo de reflexão, do senso crítico, do tempo de silêncio contemplativo, da introspecção, colocando para dentro do mundo mental conteúdos sem critério, como ocorre, em certos casos, com as galinhas de granja, de que se corta a ponta do bico para que não escolham os melhores grãos, que se alimentem também sem critérios, ingerindo o que tiver à frente.

O alimento, assim como as mídias digitais, deveria ter como uma das funções fundamentais nutrir, promover saúde, bem-estar e gerar energia, no entanto, pode acabar promovendo o seu oposto, geralmente, seja pelo excesso, velocidade e/ou pela falta de critério, passando a ser motivo de descompasso, insalubridade.

A fuga da realidade de si mesmo é um aspecto chave para a economia da atenção. Aqueles que querem estar longe de si mesmos acabam sendo iscas fáceis do barulho do entretenimento, do barulho da agitação das relações, do barulho e frenesi mental.

Há um modo de fugir que é perseguir o excesso, uma interpassividade, para não darmos de frente com determinadas facetas de nós mesmos.

4 | NÓS, AS MARIPOSAS, E AS TELAS

Conto

Nós, as mariposas, e as telas

Casa de campo. É noite. Acendo a luz da área externa. O sereno da Serra da Cantareira invade. O silêncio ruidoso da natureza grita. Aos poucos, alguns insetos se aproximam. Dirigem-se à luz da varanda. E ali estão elas, chegando, buscando a luz: as mariposas. De onde vêm? Para onde voam? Por que escolheram a lâmpada artificial em vez da luz da lua? A noite segue. Elas batem as asas incansavelmente. Batem-se contra a lâmpada. Debatem-se. Aos poucos sapos famintos se posicionam abaixo da lâmpada. Aguardam pacientemente. E, como em um banquete de reis, começam a desenrolar as línguas tal qual um tapete imperial, envolvendo as já esgotadas, quando não queimadas pelo calor da lâmpada: as mariposas.

Apartamento da cidade. É noite. Acendo a tela do celular, checo a vida alheia. A sirene serra o trânsito da cidade. O ruidoso incenso da selva de concreto, brita. Aos poucos, nas janelas vizinhas, televisores piscam. A luz das salas se confunde com a luz estroboscópica das telas. E ali estão elas, chegando em casa, buscando telas: nós, as pessoas. De onde viemos? Para onde vamos? Por que escolhemos as telas em vez da luz da lua? A noite segue. Dedilhamos as pontas. Vivemos hoje em pontas de dedos. Incansavelmente, batemos falanges contra telas. Algumas empresas aguardam pacientemente. E, como em um banquete de rainhas, começam a anunciar em diversas línguas e linguagens, envolvendo-nos, quando não rastreando-nos pelo calor das escolhas, nós as pessoas: nós as mariposas.

As telas dos smartphones, computadores, videogames, televisores, *tablets* e similares intermedeiam cada vez mais as relações.

Os aparelhos de comunicação eletrônicos que possuem telas são ferramentas primorosas, uma conquista para a nossa cultura. No entanto, por serem uma tecnologia nova comparada a outras tecnologias descobertas pela nossa espécie há séculos, quando não milênios – como o fogo, ou um objeto cortante como uma faca –, ainda estamos aprendendo a manusear, descobrindo os limites, possibilidades e como melhor utilizar.

Neste capítulo traçaremos um paralelo com a alegoria da caverna de Platão, o teatro de sombras, a relação das mariposas com a luz e das pessoas com as telas.

SOCIEDADE DA TELA GENERALIZADA

A sociedade do hiperespetáculo designa, por sua vez, a **sociedade da tela generalizada,** *em que um número crescente de redes, de canais, de plataformas se faz acompanhar por uma profusão de imagens (informações, filmes, séries, publicidade, variedades, vídeos...) que podem ser vistas em diferentes* **telas de todas as dimensões,** *em qualquer lugar e a qualquer momento. Enquanto triunfa a* **tela global,** *multiforme e multimídia, se impõe a era da abundância espetacular. Em 1974, a televisão oferecia 7400 horas de programas, mas já 35 mil em 1993. Quando só havia* *um canal, ele difundia uma centena de filmes por ano; hoje, com a multiplicação dos canais e o aumento do tempo no ar de cada um deles, aos telespectadores são oferecidos entre 5 mil e 12 mil filmes por ano. E são milhares de episódios de centenas de séries de TV que as diversas plataformas em linha oferecem. Com a internet e o vídeo sob demanda, [...] com o cabo, a TV digital e a multiplicação dos canais especializados, entramos na era da superabundância midiática, do hiperespetáculo onipresente e proliferante.*

Gilles Lipovetsky e Jean Serroy[135]

A sociedade da tela generalizada não existe à toa. Se ela é crescente é porque nos atraímos por ela. Se as telas fossem desprezíveis, não estaríamos vivendo sua superabundância. O próprio indivíduo nesta sociedade, contudo, fabrica e difunde imagens em massa, que são projetadas em telas. Lipovetsky e Serroy afirmam que seria este o hiperespetáculo, quando, ao invés de "suportar" programas midiáticos de forma passiva, passa-se à fabricação e difusão de imagens. Nesse contexto, segundo os autores, os indivíduos estão mesmo atravessados por esse olhar e "pensam em função da imagem, se expressam e dirigem um olhar reflexivo para o mundo das imagens, agem e se mostram em função da imagem de si que querem ver projetada."[136]

Os indivíduos, além de fabricarem imagens, produzem imagens de si que querem ver projetadas. O termo projeção nos remete à célebre alegoria da caverna de Platão e também ao teatro de sombras. Qual relação poderíamos traçar entre as projeções das imagens de si – vide as redes sociais digitais – e projeções de outras imagens – vide os filmes e séries nos serviços de *streaming* – com a alegoria da caverna e o teatro de sombras?

---

135 LIPOVETSKY; SERROY, 2015, n.p., grifos nossos
136 LIPOVETSKY; SERROY, 2015, n.p.

Bem, o teatro de sombras se distingue da alegoria da caverna em um ponto crucial para nós. O teatro de sombras, *a priori*, é um espetáculo, assim como uma novela assistida na tela da TV é uma ficção, um entretenimento, assim, o **espectador** do **espetáculo**, ao ver os **espectros**, as sombras, sabe que está diante de projeções. Já para o prisioneiro da caverna, não há consciência de que aquelas sombras são projeções de figuras e objetos, pois não há distanciamento crítico do espetáculo.

Outro aspecto a ressaltar é quando o espectador adentra e faz parte do espetáculo, tornando-se ator, projetando a sua sombra, através, por exemplo, da criação de perfis pessoais em plataformas de redes sociais digitais, ou em outros espaços digitais, mesmo que de modo anônimo, todavia interferindo no espetáculo.

Os prisioneiros da caverna não sabiam que eram prisioneiros, com exceção daquele que toma consciência ao escapar e sair da caverna. Já o espectador do teatro de sombras tem consciência de estar diante de uma peça, um teatro, um jogo. Mas será mesmo que consideramos o teatro de sombras como um teatro, ou já nos confundimos com as sombras do teatro, passando a considerar como uma realidade que dialoga diretamente com uma suposta verdade? Esta é uma questão delicada para a reflexão, pois corremos o risco de achar que temos distanciamento crítico do espetáculo de que participamos como atores, quando, na verdade, nos envolvemos como prisioneiros.

Sabemos que a realidade física, assim como a realidade virtual, pode ser considerada uma realidade "real", mas como essas imagens são projetadas e interpretadas? Quantas pessoas-receptoras de imagens têm o instrumental necessário para decodificá-las e interpretá-las? Se na realidade física já maquiamos nossa persona, na realidade virtual, então, expressa nas telas: quais maquiagens, ou melhor, quais recursos que informam, deformam ou reformam as aparências, enganam, simulam, inventam, criam narrativas ou expressam fragmentos de perfeição?

ALEGORIA DA CAVERNA – A SOMBRA QUE EMANA LUZ

Também conhecida como o mito da caverna, a alegoria da caverna aparece no livro VII de *A República*, de Platão. Trata-se de um diálogo entre Sócrates e Glauco em relação à ciência e à ignorância. A célebre alegoria nos provoca a refletir sobre as sombras e telas.

Em síntese, a narrativa da alegoria nos apresenta alguns homens presos desde a infância dentro de uma caverna subterrânea, com suas cabeças impossibilitadas de se moverem, podendo apenas perceber as sombras na parede da caverna causadas por pessoas que passam entre as costas dos prisioneiros e uma fogueira. Um dia, um dos prisioneiros se liberta e vai em direção à saída da caverna. Ao sair, tem dificuldade de enxergar as imagens do mundo. Com os olhos ainda não ambientados à luz, recorre às imagens refletidas nas águas. Porém, aos poucos, acostumando a vista, consegue perceber o mundo fora da caverna iluminado pelo sol. E por fim é capaz de perceber o próprio sol – símbolo do supremo bem, para Platão. Vejamos o trecho inicial do diálogo:

> **Sócrates** — [...] Imagina os homens encerrados em morada subterrânea e cavernosa que dá entrada livre à luz em toda a extensão. Aí, desde a infância, têm os homens o pescoço e as pernas presos de modo que permanecem imóveis e só veem os objetos que lhes estão adiante. Presos pelas cadeias, não podem voltar o rosto. Atrás deles, a certa distância e altura, um fogo cuja luz os alumia; entre o fogo e os cativos imagina um caminho escarpado, ao longo do qual um pequeno muro parecido com os tabiques que os pelotiqueiros põem entre si e os espectadores para ocultar-lhes as molas dos bonecos maravilhosos que lhes exibem.
>
> **Glauco** — Imagino tudo isso.

Sócrates — Supõe ainda homens que passam ao longo desse muro, com figuras e objetos que se elevam acima deles, figuras de homens e animais de toda espécie, talhados em pedra ou madeira. Entre os que carregam tais objetos, uns se entretêm em conversa, outros guardam silêncio.

Glauco — Singular quadro e não menos singulares cativos!

Sócrates — Pois são a nossa imagem perfeita. Mas, dize-me: assim colocados, poderão ver de si mesmos e dos seus companheiros algo mais que as sombras projetadas, à claridade do fogo, na parede que lhes fica fronteira?

Glauco — Não, uma vez que são forçados a ter imóvel a cabeça durante toda a vida.[137]

Nesse trecho, fica claro que os prisioneiros não têm escolha, e o que lhes resta é aquele mundo de sombras, enquanto alguns homens passam atrás do muro onde se encontram os prisioneiros, com figuras e objetos formando imagens de sombras projetadas na parede. Alguns homens que passam conversam, ecoando na caverna.

Quem seriam os prisioneiros? Quem seriam os homens com os objetos? Compreendemos que Platão se refere ao mundo das sombras como o mundo dos sentidos, o mundo sensível, que tende à ignorância; quando o prisioneiro se liberta e sai da caverna acessa, portanto, o mundo inteligível, o mundo das ideias, onde se encontra a sabedoria. Mas nossa busca, aqui, é revisitar a alegoria para pensar possíveis analogias em relação às telas eletrônicas. Assim, nos perguntamos: poderíamos associar as sombras da caverna às telas eletrônicas de hoje? Qual a diferença e qual a semelhança entre as telas e as sombras?

---

137 PLATÃO, 2001, p. 263.

As telas são uma espécie de projeção, assim como as sombras. A diferença é que as telas – veículo de imagens – emanam luz e as sombras são interceptações da luz por um corpo opaco. Aí está! Se a metáfora da luz é associada ao conhecimento, ao supremo bem, aqui, as luzes emanadas pelas telas, ao mesmo tempo que podem iluminar o espírito para a liberdade, as virtudes, ou, como se refere Platão, ao bem; elas, as telas, podem confundir, atrapalhar, desviar, aprisionar.

A luz como metáfora de liberdade passa a ser também prisão.

A luz que alforria a humanidade também é a luz que corteja, cativa, encarcera.

E por que a luz ou uma tela pode aprisionar?

Em geral, como já vimos, plataformas digitais, expressas em telas, ao se encontrarem na lógica da economia da atenção, buscando capturar o tempo e atenção do usuário o máximo possível, podem produzir, comparativamente, prisões.

AS MARIPOSAS

As luzes artificiais desorientam as mariposas, que deveriam se guiar pela luz emanada pela própria natureza. No entanto, com a chegada e disseminação da lâmpada, as mariposas vivem cada vez mais aturdidas. Por que não seguem seu instinto primevo e voam para o seu oriente?

Em entrevista com a bióloga Adriana Prestes, atuante na Reserva Particular do Patrimônio Natural Fazenda Renópolis, localizada em Santo Antônio do Pinhal, São Paulo, Brasil, conversamos sobre o voo noturno das mariposas e a sua relação com a luz. Prestes relatou que a luz é para a mariposa uma forma de perceber os caminhos no ambiente, seguindo o brilho e a intensidade da fonte luminosa. Em relação à grande atração das mariposas pela luz da lâmpada – como as lâmpadas de mercúrio, por exemplo –, as mariposas podem se debater incessantemente.

Assim, o que nos interessa é compreender a relação da imagem das mariposas de lâmpadas com as pessoas, isto é, nós, as mariposas de telas, usuárias dos aparelhos eletrônicos, como smartphones, *tablets*, videogames, televisores, computadores.

Por que nós, as pessoas, tornamo-nos mariposas de telas?

Para falar da simbologia das mariposas, falemos antes de como entendemos a imagem metafórica para este momento. Kathleen Martin, em *O livro dos símbolos: reflexões sobre imagens arquetípicas*, diz:

> A imagem tanto limita como abre: é essa imagem em particular que assenta o símbolo nesta experiência e, no entanto, se for a imagem certa, evoca a realidade arquetípica. Quando não conseguimos encontrar a imagem certa, não incluímos o símbolo em causa; quando a encontramos, tivemos uma sensação de alegre reconhecimento – como uma porta abrindo-se a algum deleite escondido. Paul Klee disse-o bem: "A arte não reproduz o visível. Ela torna visível".[138]

As mariposas – imagem arquetípica – são milhares de anos mais antigas que as borboletas, mais discretas na coloração e fundamentalmente noctívagas, navegando através da lua e das estrelas. As borboletas são diurnas e navegam através do sol. A atração fatal pela luz tem feito destas criaturas uma imagem refinadamente potente do desejo ardente. A quais outros símbolos as mariposas são associadas?

---

138 MARTIN, 2012, p. 6.

A sombra da borboleta e da traça [mariposa] está no seu movimento oscilante que tem sugerido não apenas o cintilar do fogo e das estrelas, como o errático, a ansiedade ou inconstância do desejo. A expressão latino-americana mariposa significa igualmente borboleta e prostituta (Saunders, 2018). A agitação de uma massa de traças [mariposas] ao crepúsculo tem sido associada de forma obscura a energias de voracidade compulsiva. [...] a libido persegue os objetos de desejo da psique, maneiras que podem ser comoventemente auto-destrutivas e imbuídas de promessas.[139]

Ansiedade, desejo ardente e inconstância do desejo, prostituição, energias de voracidade compulsiva, autodestruição, promessas.

SEDUÇÕES MIDIÁTICAS NO CENÁRIO DEMOCRÁTICO

Daremos agora um breve salto, realizando um brevíssimo voo em assuntos que consideramos pertinentes, com o objetivo de "linká-los", contextualizá-los, com a temática das telas eletrônicas. Questões como as estratégias de possibilidade de sedução e manipulação na política, o cenário democrático e o infotenimento serão debatidos.

Seguimos.

Viver em democracia é conquista social, requer vigilância constante. A distração faz com que se facilite "ir passando a boiada"[140] sem que a população se dê conta, podendo perder direitos, sofrer atos de corrupção e retroceder como sociedade. Falemos um pouco do hiperespestáculo e da democracia nesse contexto. Segundo Lipovetsky, a partir de meados

---

139 MARTIN, 2012, p. 234.
140 Referência ao dito popular "onde passa boi, passa boiada": neste contexto, utilizado como falta de atenção, possibilitando mudar o regramento e simplificar normas sem que houvesse resistência da população.

do século XX, as democracias do mundo viram nascer e se desenvolver o que se chama "Estado-espetáculo" e "política-sedução". Nesse contexto, dirigentes são auxiliados por especialistas em imagem e com eles "[...] aprendem a estar em cena e em destaque, a obter a atenção dos cidadãos com discursos simples e pequenas frases de efeito; eles tomam cuidado com seu look, fazem cirurgias corretivas no rosto, exibem-se em *talk shows* nos quais revelam seus gostos e outras confidências pessoais.." Assim, as estratégias de sedução, antes pontuais e ligadas a dotes particulares de um orador com discurso mágico, agora «tornaram-se consubstanciais ao regime da videopolítica"[141].

O autor também defende que nas democracias ocidentais a política-sedução começa sua aventura quando as técnicas do *marketing* (publicidade, sondagens, estudos de opinião, plano de comunicação etc.) são mobilizadas a serviço da comunicação dos dirigentes, ou seja, quando o cidadão é visto como um eleitor-consumidor que deve ser conquistado por imagens, discursos e *slogans* emotivos.

De acordo com a definição de Fritz Hippler, um dos diretores de cinema de maior confiança do ministro de propaganda do nazismo, Joseph Goebbels: "cada filme publicitário, inclusive aqueles produzidos pelo Estado, deveria ser agradável, nunca enfadonho, porque não faz sentido produzir uma propaganda quando a pessoa que deve ser atingida por ela vai dormir"[142]. A atenção do cidadão, até para a política, deve ser persuadida, por estímulos que o mantenham acordado, afinal, mesmo em estados totalitários, uma audiência cativa não é necessariamente uma audiência receptiva, por isso a sedução.

---

141 LIPOVETSKY, 2020, n.p.
142 Apud REES, 1995, p. 18.

Goebbels, sabia das fragilidades humanas e de sua necessidade de catarse, e assim insistia que os filmes tinham de agradar. O historiador Laurence Rees conta que, em 1943, ao ver longas filas formadas em frente aos cinemas logo após uma sequência de ataques aéreos, Goebbels escreveu: "As pessoas necessitam de divertimento depois dos dias e das noites cruéis da semana passada. Eles querem consolos para suas almas".[143]

O ministro do Reich foi o criador do paradoxo segundo o qual a propaganda deve ser agradável e que a diversão também pode ser propaganda. Arthur Rabenalt, um diretor de sucesso do período, argumenta: "A intenção política dos filmes não-políticos era a de que cada um deles tivesse um propósito político – retirar o público das ruas, das preocupações com a casa e com a família e entretê-lo"[144]. Onde se pensa não haver ideologia, interesses, manipulações, infelizmente pode haver. E quando se relaxa para fruir um conteúdo despretensiosamente, talvez se esteja *hiperenvolto* de estratégias colonizadoras de ideias e comportamentos.

> Fritz Hippler, que o conheceu bem, acredita que Goebbels reconhecia o poder do filme de um modo profundo, ele sabia que "os artigos de jornais ou as transmissões de rádio influenciam o cérebro, o consciente, a inteligência, a imaginação, enquanto as verdadeiras forças primárias do homem são movidas pelo inconsciente, as quais não aumentam a sua consciência, mas o fazem prosseguir para além dela. O filme trabalha com estas forças primárias de um modo intenso e particular e, por conseguinte, era este veículo que ele queria usar visando particularmente a um objeto".[145]

---

143 REES, 1995, p. 19.
144 REES, 1995, p. 19.
145 REES, 1995, p. 20.

Os filmes, seja no cinema da Alemanha nazista ou até nas curtíssimas narrativas do Youtube, do Instagram e do TikTok podem conter a mesma perversa intenção. Perversa, pois quando se apela para as emoções, afirma Rees, as emoções não podem ser facilmente mudadas intelectualmente, ou seja, uma vez o "sentimento" criado, é mais difícil de ser desalojado do que uma opinião através da razão. Procurando, assim, inibir o senso crítico, produzindo obstáculos para um distanciamento crítico. Neste caso, busca-se colocar o espectador, o usuário, mais próximo da caverna da alegoria de Platão que do teatro de sombras.

Vale ressaltar que os próprios noticiários – que se apresentam como imparciais – não escapam do conceito de sedução, entretenimento, trabalhando nas forças primárias. Há uma relação direta entre o jornalismo e o entretenimento. Christoph Türcke, na obra *Sociedade Excitada: Filosofia da Sensação*, fala sobre o infotenimento, palavra-valise de informação com entretenimento, que seria o enriquecimento do factual com o valor do entretenimento, sem o qual o discurso não tem importância alguma. Mais do que nunca, os fatos precisam do *outfit* que os faça sobressair diante de seus similares. Na medida em que a roupa faz o homem, o *outfit* faz os fatos, e o comercial determina os parâmetros da informação. Türcke diz também que o anúncio *pode* simular um noticiário, quando isso promete ser eficaz, e o jornalismo *tem de* almejar os padrões de precisão mediais do comercial, se ainda quiser atingir o público. Nesse contexto, quem almeja veicular meros fatos corre o risco de desaparecer.

É comum nos depararmos com informações que buscam entreter – infotenimento – e com publicidades que buscam informar. Por exemplo, em uma propaganda, encontrar atores vestidos de jaleco branco remetendo ao estereótipo de cientistas, ou médicos; ou, em uma matéria jornalística, repórteres apresentando um fato com trilha sonora ao fundo, passando dramaticidade.

HIKIKOMORI

Uma das circunstâncias de reclusão vivida por milhares de pessoas hoje é definida como *hikikomori*. De acordo com filósofo Franco Berardi, o termo *hikikomori* define uma pessoa que vive por um tempo longo "em condições de permanente reclusão no espaço superconectado do próprio quarto"[146]. Alguém que não sai para encontrar outras pessoas, atravessar a cidade, ir ao trabalho, e que, mesmo vivendo com os pais, em geral não mantém nenhum tipo de relação com eles, além de receber no quarto a comida trazida para se alimentar. Estima-se que atualmente no Japão em torno de 1,46 milhão[147] de pessoas vivam nessas condições.

Os ambientes superconectados, que têm as telas como mediadoras, não necessariamente causam o isolamento, mas facilitam, reforçam, aprofundam. TaeYoung Choi, psiquiatra e pesquisador que trabalhou no estudo pela Universidade Católica de Daegu na Coreia do Sul, diz: "Algumas pessoas podem ficar mais isoladas usando a tecnologia, o que torna esse isolamento mais resistente e grave"[148].

> A tela que me liga ao mundo todo é também a divisória que me separa dele, fazendo o próprio domicílio assemelhar-se a um posto anônimo de quarentena e gerando um novo estado: o do excluído completamente integrado.[149]

---

146 BERARDI, 2019, p. 145.
147 TRAVERS, M. *A Psychologist Explores The Rise Of 'Hikikomori Syndrome'*. FORBES. Disponível em: <https://www.forbes.com/sites/traversmark/2024/04/05/a-psychologist-explores-the-concerning-rise-of--hikikomori-syndrome/> Acesso em: 22 set. 2024
148 GENTE. Quem são os hikikomori, os jovens japoneses que vivem sem sair de seus quartos. BBC News Brasil. Disponível em: <https://www.bbc.com/portuguese/vert-fut-47441793> . Acesso em: 20 jul 2020.
149 TÜRCKE, 2010, p. 71.

Hikikomori faz, em geral, do quarto a caverna e das telas as sombras. Paradoxalmente, são as mesmas telas que possibilitam, por exemplo, uma consulta com o psicólogo sem sair do quarto, quando a tela passa a ser a luz que entra pelo buraco da caverna.

A PERIPÉCIA DA SAÍDA DA CAVERNA

No trecho a seguir, Platão narra a saída do prisioneiro da caverna:

> **Sócrates** - Se o tirassem depois dali, fazendo-o subir pelo caminho áspero e escarpado, para só o liberar quando estivesse lá fora, à plena luz do sol, não é de crer que daria gritos lamentosos e brados de cólera? Chegando à luz do dia, olhos deslumbrados pelo esplendor ambiente, ser-lhe ia possível discernir os objetos que o comum dos homens tem por serem reais?

> **Glauco** - A princípio nada veria.

> **Sócrates** - Precisaria de algum tempo para se afazer à claridade da região superior. Primeiramente, só discerniria bem as sombras, depois, as imagens dos homens e outros seres refletidos nas águas; finalmente erguendo os olhos para a lua e as estrelas, contemplaria mais facilmente os astros da noite que o pleno resplendor do dia.

> **Glauco** - Não há dúvida.

> **Sócrates** - Mas, ao cabo de tudo, estaria, decerto, em estado de ver o próprio sol, primeiro refletido na água e nos outros objetos, depois visto em si mesmo e no seu próprio lugar, tal qual é.[150]

---

150 PLATÃO, 2001, p. 264-265, grifo nosso.

A humanidade desenvolveu diversos conhecimentos e com a internet facilitou o acesso a eles. Mas suponhamos que o ex-prisioneiro, ao sair da caverna, além de perceber as imagens dos homens e de outros seres refletidos nas águas, tenha se visto e se apaixonado por sua própria imagem, assim como Narciso.

> O autorretrato do indivíduo hipermoderno não se constrói mais por meio de uma introspecção excepcional e de longo fôlego. Ele se afirma como modo de vida cada vez mais banalizado, como compulsão de se comunicar e de "ser descolado", mas também como marketing de si, cada qual procurando ganhar novos "amigos", procurando valorizar seu "perfil" e encontrando uma gratificação na aprovação de si mesmo pelos outros. Ele traduz uma espécie de estética de si que ora é um donjuanismo virtual, ora um novo Narciso no espelho da tela global.[151]

O obstáculo para compreender a alegoria da caverna é não se perder nos reflexos das águas, como ocorreu com Narciso. As telas, por possibilitarem o espelhamento do indivíduo, podem simbolizar tanto o reflexo nas águas quanto a projeção da própria sombra na caverna. Aqui, entrariam questões como o apreço exagerado de si. Para Lipovetsky e Serroy, se antes vivíamos a sociedade do espetáculo, centrada em estrelas do cinema e da canção, hoje, trata-se de uma sociedade do hiperespetáculo, em que há uma estrelização generalizada: "os políticos, o papa, os homens de negócio, as princesas, os artistas e designers, a gente da moda, os apresentadores de

---

151 LIPOVETSKY; SERROY, 2015, n.p.

televisão, os romancistas, os filósofos, os esportistas, os chefs de cozinha: hoje, nada mais escapa do star-system."[152]

A estrelização generalizada tende a atordoar ainda mais a sensatez.

Assim, se o ex-prisioneiro se deparar com as imagens refletidas nas águas, seja dos homens, dos outros seres, e, como propusemos, de si próprio, pode, então, desviar da *peripécia narcísica* e se alinhar, como defende Platão, ao caminho do bem, pois estará rumo ao conhecimento e também ao conhecimento de si mesmo.

EXIT – A SAÍDA DO CINEMA

A saída da caverna diante do cenário de sombras-que-emanam-luz tão atraentes requer esforço. A consciência de que as projeções são sombras – teatro de sombras –possibilita a emancipação. O filósofo Rancière, em *O espectador emancipado*, diz:

> A **emancipação**, por sua vez, começa quando se questiona a oposição entre olhar e agir, quando se compreende que as evidências que assim estruturam as relações do dizer, do ver e do fazer pertencem à estrutura da dominação e da sujeição. Começa quando se compreende que olhar é também uma ação que confirma ou transforma essa distribuição das posições. O espectador também age, tal como o aluno ou o intelectual. **Ele observa, seleciona, compara, interpreta**. Relaciona o que vê com muitas outras coisas que viu em outras cenas, em outros tipos de lugares. Compõe seu próprio poema com os elementos do poema que tem diante de si. [...] Assim, são ao mesmo tempo espectadores distantes e intérpretes ativos do espetáculo que lhes é proposto.[153]

---

152 LIPOVETSKY; SERROY, 2015, n.p.
153 RANCIÈRE, 2012, p. 17, grifos nossos.

As telas, portadoras de imagens, podem nos confundir. Pois desconhecer o processo de como são elaboradas e quais suas intenções pode provocar alienação. De uma imagem jornalística a uma imagem postada por um usuário comum em uma rede social digital. É necessário conhecer, além do veículo que suporta a informação, o processo de como foi elaborada a imagem, ou ter ferramentas para decodificá-la.

> Apesar das ambiguidades, reconstituir é preciso e para tanto se faz necessário um sistemático e sensível exercício: devemos aprender a nos comunicar com as imagens, dialogar com elas, **decifrar seus códigos** e resgatar suas realidades interiores, seus silêncios, seus significados, o sentido - da vida e das ideias - escondido sob a aparência de suas realidades exteriores, iconográficas, a realidade das aparências, aquele que encantou Narciso.[154]

E concluem Simonetta Persichetti, jornalista, crítica e teórica da imagem, com pós-doutorado pela USP, e Cláudio Coelho, doutor em sociologia pela mesma universidade, trazendo luz à importância do contexto para a imagem.

> Não podemos analisar uma fotografia a partir do nosso conhecimento presente, mas com os olhos do passado. A **contextualização** do documento ou do ato documental da fotografia deve ser sempre feita à luz do contexto sócio-histórico. [...] Não podemos esquecer que a imagem é um instrumento pleno de ambiguidades, e que uma fotografia, por si só, não afirma e nem nega nada. Ela vive ou revive a partir da sua **contextualização**.[155]

---

154 KOSSOY, 2007, p. 154-155, grifo nosso.
155 COELHO; PERSICHETTI, 2016, p. 59, grifos nossos.

A título de exemplo, Rodrigo Daniel Sanches[156], doutor em psicologia pela USP e com pós-doutorado pela Faculdade Cásper Líbero, discute em sua pesquisa a imagem do corpo feminino idealizado na mídia e suas implicações na saúde mental. Traçando um breve paralelo a este estudo, quantas vezes, uma pessoa sabe que, ao acessar uma rede social, irá se deparar com imagens modificadas, repletas de filtros, imagens de pessoas e corpos explorando jogo de lentes e ângulos de câmera, imagens que simulam momentos, sorrisos efêmeros e descontextualizados, ou seja, uma grande encenação, uma teatralização de uma suposta vida, assim como é possível viver representações no teatro de sombras. Para muitas pessoas observadoras é evidente este simulacro. Mas, ao mesmo tempo e por inúmeros motivos, o senso crítico, dessas mesmas pessoas, pode ser posto de lado, se deixando envolver pelas sombras de tal forma, que a sombra do teatro de sombras, passa a ser a sombra da alegoria da caverna, perdendo o referencial inicial, impactando diretamente na saúde mental delas. Vivenciando, consequentemente, um processo de migração psíquica: do teatro para a caverna.

APONTAR PARA O SOL

O capitalismo de sedução, apoiado na economia da atenção, tende a fazer das telas não um símbolo solar – o supremo bem –, mas sim sombras da alegoria da caverna.

A característica dessas intrigantes sombras é a possibilidade de emanar luz. Sombras que emanam luz. Diferente do espectador do teatro de sombras, que tem ciência de que está diante de um espetáculo, de que as

---

156 SANCHES, R. D.; LEITE, J. A. L. C. A imagem do corpo feminino na mídia: a história do presente, o peso da leveza e a economia da sedução. Locus: Revista de História, v. 29, p. 84-108, 2023.

sombras são sombras, este mesmo espectador, ao adentrar no espetáculo como ator, criando perfis na realidade virtual, seja em contas do Instagram a Netflix, do Youtube a Amazon, participa e interage no espetáculo de sombras, e aos poucos pode ser envolvido de tal maneira a perder a consciência e o distanciamento crítico, por desconhecer as ferramentas e estratégias de sedução, pensando ser um ator autônomo propositivo, quando é autômato reativo.

Logo, o problema maior não são as telas, mas o que veiculam e como veiculam. Quando alegoria da caverna: as imagens-sombras-que-emanam-luz e os ecos das vozes dos homens que projetam as sombras nos confundem, assim como uma mariposa deslumbrada por uma lâmpada. Quando teatro de sombras: as imagens-sombras-que-emanam-luz e as vozes dos atores são expressões humanas que dialogam com a consciência, assim como uma mariposa navegante da lua e das estrelas.

De que maneira estamos nos relacionando com as telas?

Mais do que encerrar o assunto, o nosso objetivo é alimentar o debate – *da discussão nasce a luz*. Nossa busca é apontar para o sol, todavia é provável que nem sequer tenhamos apontado para os astros que refletem a sua luz. Portanto, ficaríamos satisfeitos se houvéssemos percebido os reflexos que se encontram nas águas. No entanto, é mais provável – e já estaria de bom tamanho – conseguirmos indicar o fogo da fogueira, não para gerar sombras, mas para que nos sirva de auxílio para acharmos a saída da caverna.

5 | O MUNDO CODIFICADO

Conto

A primeira palavra calou o mundo

> *[...] quando o homem se assumiu como sujeito do mundo, quando recuou um pouco para poder pensar sobre ele, isto é, quando se tornou homem, assim o fez graças à sua curiosa capacidade de imaginar esse mundo.*
>
> *[...] O homem é um animal "alienado" (verfremdet) e vê-se obrigado a criar símbolos e a ordená-los em códigos, caso queira transpor o abismo que há entre ele e o "mundo". Ele precisa "mediar" (vermitteln), precisa dar um sentido ao "mundo".*
>
> VILÉM FLUSSER[157]

Numa floresta, solta no mundo, de horizonte alargado, há dois seres, que se tornarão humanos. Talvez melhor: se conceberão humanos. Eles ainda não sabem disso. A tarde, a ruína do dia, se põe a cair. O céu aberto muda de cor repentinamente. O laranja avermelhado toma conta. As montanhas ao longe os rodeiam como prestes a testemunharem o acontecimento. Na clareira, um dos seres – não se sabe se eram macho ou fêmea – olha para

---

157 FLUSSER, 2017, p. 117

o chão. O outro ser acompanha o seu olhar. Aquele se agacha, o outro acompanha. Toca-se em um objeto. O outro acaricia o objeto. Segura-se o objeto. O outro acaricia o objeto. Então, o objeto é largado assustadoramente. O outro grunhe como um estampido. Ambos dão um passo para trás em espanto. Os olhos se entre fixam. Alternam entre o objeto recusado e os olhos abismados. Um deles então ousa e: um som é dado associando ao objeto. O outro, receado, entende a intenção e, com dificuldade, repete o som. Repetem. Repetem. Repetem. Inúmeras vezes repetem até fixar na memória aquele som articulado. Aquilo agora tinha um nome. Tinha um nome agora. Aterrorizados com a primeira palavra inventada, perceberam sem compreender que algo havia acontecido. Não pertenciam – sentiam –, não pertenciam mais ao mundo. Havia um abismo entre eles, o objeto e o mundo. Haviam se destacado do mundo. Destacaram-se, pois aquilo havia um nome, que os dois sabiam. Algo aterrorizante e empolgante se apoderou de ambos. Sentiram-se mudos. Sufocados de saberem apenas uma palavra. Eles não grunhiam mais, agora gritavam. Gritavam. Humanos gritam. A floresta entendeu. A floresta se calou por um instante e depois gritou com eles. E, num ímpeto, saíram a dar nomes a tudo que encontravam antes do sol se pôr. Repetiam, repetiam até guardar na memória. Assombro e entusiasmo vibravam dentro deles. Sufocados, com vontade de vomitar sons. Doía-se o peito, o estômago, a cabeça, a garganta arranhava. Percebiam o silêncio subjetivo desesperador que os habitava, em contraponto à algazarra sonora que a floresta se punha a fazer todo dia ao se recolher. Silêncio brutal. A escuridão se fez. A noite se estabeleceu. O turno da floresta é trocado. Novos sons se fazem. A escuridão é gigante. Nunca haviam se sentido tão perdidos. Antes eram parte, agora estavam à parte. Estavam sem completo sentido. Com medo, dormiram abraçados, agarrados.

Na manhã seguinte, o sol acorda a pele e acalma o medo. O sol recebe um nome, um dos nomes mais importantes que haviam inventado, pois era ele que, por algumas horas todos os dias, possibilitava saírem da escuridão. Era certo: a vastidão, que antes era integração, passou a ser solidão, medo e vazio. A causa: a primeira palavra. A primeira palavra também acusou a rudimentar consciência que os colocava em outro degrau da existência. Descobriram a fala, descobriram-se humanos. Vão ao encontro de outros. Alguns outros também compreenderam e eclodiram, assombrados com o acordar da faculdade de nomear. Sentiram o mesmo, sentiam-se suspensos, desamparados, frágeis, mas com um inaudito poder. Uniram-se. Humanos. Humanos destacados do todo. Na ânsia de voltarem ao todo, de pertencerem ao todo, de serem o todo, nunca mais pararam de nomear tudo que eram capazes, para que, quem sabe um dia, tivessem o direito de se sentirem, como antes, integrados ao todo, serem o todo. No entanto, antes não tinham consciência. Sentiam-se, então agora, impelidos à busca pelo todo, tendo que realizar isso com a sua nova condição – iniciada conjuntamente pela linguagem –, a condição da consciência, a condição humana.

A comunicação humana, para o filósofo Vilém Flusser, tem como propósito nos fazer esquecer a brutal falta de sentido de uma vida condenada à morte e lidar, especialmente, com a questão da solidão, a fim de tornar a vida vivível. Isso através de um mundo codificado, ou seja, um mundo construído a partir de símbolos ordenados, no qual se armazenam as informações adquiridas. O ponto sobre o qual buscamos refletir é:

estamos utilizando a comunicação para dar conta de combater a solidão ou estamos fazendo dela o caminho para a própria solidão? O diálogo com Flusser nos convida a pensar a comunicação contemporânea, que pode tanto nos fazer esquecer da solidão, quanto, dependendo do caso, nos conduzir a ela. Através dessa humilde empreitada, atravessados pela perspectiva flusseriana, buscamos contribuir para um uso mais consciente das plataformas digitais, dando ênfase agora às de rede social on-line, e por que não também, às de rede social off-line? Sem pretensão de esgotar o assunto, seguimos.

A COMUNICAÇÃO. A "PRIMEIRA NATUREZA". A "SEGUNDA NATUREZA".

A comunicação humana tende a precisar de códigos para acontecer. Falamos "tende" pois seria pretensão nossa afirmar, neste momento, algo categórico nesse sentido. No entanto, a comunicação instituída pela espécie humana em sua "segunda natureza", conforme Flusser, neste caso não *tende*, mas *depende* de códigos.

> Os códigos (e os símbolos que os constituem) tornam-se uma espécie de segunda natureza, e o mundo codificado e cheio de significados em que vivemos (o mundo dos fenômenos significativos, tais como o anuir com a cabeça, a sinalização de trânsito e os móveis) nos faz esquecer o mundo da "primeira natureza". E esse é, em última análise, objetivo do mundo codificado que nos circunda: que esqueçamos que ele consiste num tecido artificial que esconde uma natureza sem significado, sem sentido, por ele representada.[158]

---

158 FLUSSER, 2017, p. 86, grifos nossos.

Vivemos em um mundo codificado, diria Flusser. Este mundo codificado é a busca pelo significado. O mundo codificado é o mundo da "segunda natureza". Os códigos medeiam o mundo da "primeira natureza", o mundo sem significado.

Significar e ressignificar é uma competência humana. E parece ser intrínseco da espécie humana a busca por um sentido.

Solidão, vazio, medo. A morte. Temas de que o mundo codificado procura dar conta. Busca escamotear, seja consciente ou inconscientemente. Para Flusser, o objetivo da comunicação humana seria justamente o de nos fazer esquecer o contexto insignificante onde nos encontramos, "completamente sozinhos e incomunicáveis", mundo, segundo ele, "em que ocupamos uma cela solitária em que somos condenados à morte – o mundo da 'natureza'." A comunicação humana seria, enfim, um artifício que tem como intenção nos fazer esquecer a "brutal falta de sentido de uma vida condenada à morte"[159].

Mas como essa comunicação se estabelece?

COMUNICAÇÕES: PRIMÁRIA, SECUNDÁRIA, TERCIÁRIA

O doutor em Ciências da Comunicação pela Universidade de São Paulo, José Eugênio de O. Menezes, aborda, a partir da obra do cientista político, jornalista e comunicólogo alemão Harry Pross, a tripla tipologia de processos de mediação. Nela, Pross define o que chama de comunicação primária, comunicação secundária e comunicação terciária:

> Pross considera que "na comunicação **primária**, os participantes não contam com outros recursos senão aqueles que seu próprio

---

159 FLUSSER, 2017, p. 86-87.

corpo possui (os sons e ruídos naturais, os gestos e a aparência, os odores naturais)" (Baitello, 2008). Para nos comunicarmos com um maior número de pessoas utilizamos as mediações **secundárias**, nos servimos de suportes, como nas pinturas rupestres ou nos impressos contemporâneos. A partir dos meios **terciários**, todos os envolvidos precisam de aparatos eletrônicos para participar de processos de vinculação, como no caso do rádio, da televisão e das redes de computadores. Assim, segundo Pross, estamos envolvidos em uma rede, em um tecido complexo de meios, na comunicação interpessoal direta ou na mediada por aparatos técnicos, e temos sempre a necessidade perceber os corpos que estão presentes antes e depois dos equipamentos.[160]

Além do paralelo com a tripla tipologia de Pross, podemos também relacionar a "primeira natureza" e a "segunda natureza" de Flusser com a "primeira realidade" e a "segunda realidade" de Ivan Bystrina, ponto que também é trazido por Menezes. Vejamos:

> É importante destacar que Ivan Bystrina parte de pressupostos da Teoria dos Sistemas e da Fenomenologia para descrever a primeira realidade (natureza) com seus códigos hipolinguais (biológios) e linguais (sociais); bem como a segunda realidade (cultura) com seus códigos hiperlinguais (textos culturais). [...] com olhar de antropólogo, está preocupado em descrever raízes, em localizar fatores "fundadores" da cultura ou segunda realidade. Assim descreve cultura como "conjunto de atividades que ultrapassam a mera finalidade de preservar a sobrevivência material" e garantem a "superação do medo existencial" [...] cuidar de nossa sobrevivência

---

160 MENEZES, 2009, p. 55, grifos nossos.

psíquica ou, em outras palavras, superar o constante desafio da morte como fato inevitável. [161]

O que nos interessa para este capítulo é o mundo codificado, isto é, a "segunda natureza" (Flusser), a "segunda realidade" (Bystrina). É através do mundo codificado – através de códigos, especialmente, hiperlinguais – que surge a possibilidade de nos salvaguardarmos de aspectos como o da solidão.

Mas em qual medida esse mundo repleto de códigos é capaz de nos proteger da solidão e da falta de sentido em direção à morte?

VIVER JUNTOS, PROTEÇÃO E CONTRADIÇÃO

Buscando responder à pergunta "este mundo codificado é capaz de nos proteger da solidão e da falta de sentido em direção à morte?", chegamos a uma contradição. Vivemos juntos, em uma "segunda natureza", para lidar com a "primeira natureza", isto é, com a solidão e a questão da morte. Ao mesmo tempo, podemos criar guerras entre nós, entre os integrantes da "segunda natureza". Se nos exilamos da "primeira natureza" para proteção, podemos nos destruir na "segunda natureza", a natureza dos símbolos.

Vejamos pela perspectiva do etologista, neurologista e psiquiatra Boris Cyrulnik:

> Por que razão somos obrigados a viver juntos, quando sabemos bem que é muito difícil, que nos faz sofrer pelos nossos mal-entendidos, malditos e malvistos, que envenenam o nosso quotidiano? Nunca vemos o mundo dos outros, que nos fascina e tanto nos intriga. Assim, pensamo-lo, imaginamo-lo, criamo-lo, e, de-

---

161 MENEZES, 2009, p. 57.

pois habitamo-lo, convictos de que, para sermos nós mesmos, só o podemos ser com os outros.

Todos os nossos sofrimentos vêm daí, mas seriam bem piores se estivéssemos sós, sem ambiente. É por isso que nos precipitamos uns em direcção aos outros, seduzindo-nos mutuamente, e, depois, sofremos com esta captura desejada.[162]

Cyrulnik trata da importância dos relatos para a constituição da cultura, ou, poderíamos dizer, pelo prisma do mundo codificado em que vivemos. Para ele, "o aparecimento da linguagem modifica a natureza do ambiente. Assim que um homem fala, prossegue os desenvolvimentos orgânicos e sensoriais, pela expansão da consciência, num mundo doravante estruturado pelos relatos.[163] O autor reflete também sobre a tomada da palavra por uma criança recém-chegada ao mundo: a partir do momento em que nasce, "trabalha todos os dias para tomar a palavra, para inventar a sua própria realidade e construir a sua individualidade. A herança dos relatos e das técnicas altera o meio ambiente humano e molda, em troca, aquele que o produziu."[164]

Como vimos há pouco, são os códigos hiperlinguais (universo dos símbolos) que nos permitem sobreviver rememorando ou participando de narrativas que dão suporte à vida cotidiana, capazes também de projetar o futuro. Essas narrativas simbólicas, os relatos, criam em nós pontos de vista sobre a vida, a existência e a forma com que nos organizamos socialmente. Há inúmeras narrativas que se harmonizam, já outras entram em choque.

Traçando um paralelo com a história das artes, percebemos as mudanças de narrativas e perspectivas. Hoje, a arte está muito voltada à questão do consumo, diferente de períodos em que tinha como narrativa a

---

162 CYRULNIK, 1999, p. 7.
163 CYRULNIK, 1999, p. 8.
164 CYRULNIK, 1999, p. 9.

transcendência, o cosmos. A arte agora nascida da estratégia de marketing pode ser chamada de hiperarte, que, segundo Lipovetsky e Serroy, funciona como valorização distrativa, com jogos de sedução sempre atualizados para captar os desejos do "neoconsumidor hedonista", aumentando o faturamento das marcas. A hiperarte não é mais a linguagem de uma classe social, e, conforme os autores, estamos diante de um novo estágio da estetização: "Eis-nos no estágio estratégico e mercantil da estetização do mundo. Depois da **arte-para-os-deuses**, da **arte-para-os-príncipes** e da **arte-pela-arte**, triunfa agora a **arte-para-o-mercado**."[165]

É inevitável, ao tratarmos do mundo codificado, perpassar, dentre outros assuntos, o aspecto econômico. Assim como a arte é, comumente, destinada hoje ao mercado e ao consumo, as relações humanas também esbarram nessa narrativa, nos tornando objetos consumíveis. Enquanto elaborávamos os códigos para nos proteger da "primeira natureza", criamos e sofisticamos uma "segunda natureza", que frequentemente vem passando dos limites, maltratando e, por que não, destruindo a "primeira natureza".

Essa indiferença, mau trato, receio ou desprezo para com a "primeira natureza" é um fenômeno simbólico. Se a "segunda natureza" tem o anseio de nos proteger da "primeira natureza", será que ao atacá-la, violentá-la, rejeitá-la, destruí-la, prevalecendo assim apenas a "segunda natureza", nos sentiríamos mais seguros da solidão e da morte? No entanto, a "segunda natureza" depende da "primeira". E se assim, no desejo de nos sentirmos mais seguros da solidão e da morte, eliminarmos a "primeira natureza", nos aniquilaremos também, isto é, caminharemos para a solidão e a morte. Essa incongruência humana nos conduzirá, portanto, não da arte-para--os-deuses, mas da "arte-para-o-adeus".

---

165 LIPOVETSKY; SERROY, 2015, n.p., grifos nossos.

ACÚMULO DE INFORMAÇÕES. SOLIDÃO. MORTE

Se Flusser diz que o homem precisa mediar o mundo, tendo a comunicação codificada como meio, com intenção de fazer esquecer a solidão e a brutal falta de sentido de uma vida condenada à morte, reformulamos a pergunta: estamos utilizando a comunicação humana também para o seu oposto, ou seja, para causar solidão e morte?

Poderíamos adentrar assuntos como as guerras mundiais e afins, que obviamente causam morte e solidão, que buscam, além da sobrevivência, a conquista e a colonização de símbolos e narrativas. Contudo, analisaremos um ambiente comunicacional digital destinado às relações humanas.

Harry Pross, como vimos, nos apresenta a tripla tipologia de processos de mediação. A título de exemplo, daremos ênfase aos meios terciários (em que os envolvidos precisam de **aparatos eletrônicos** para participar de processos de **vinculação**). Entremos, assim, no campo das redes sociais digitais conectadas à internet.

Trabalharemos duas características do funcionamento das redes sociais digitais: 1) o armazenamento de dados para que uma comunicação dialógica seja possível; 2) a interação de uma pessoa humana com outra pessoa humana mediada por aparatos eletrônicos (podendo, em certos casos, ser uma interação não-humana, mas não adentraremos esse ponto aqui). Comecemos com o armazenamento de informação.

> A comunicação humana é inatural, contranatural, pois se propõe a **armazenar informações** adquiridas. [...] Pode-se afirmar que a transmissão de informações adquiridas de geração em geração seja um aspecto essencial da comunicação humana, e é isso sobretudo que caracteriza o homem: ele é um animal que encontrou truques para **acumular informações** adquiridas.[166]

---

166 FLUSSER, 2017, p. 89, grifos nossos.

É sabido que empresas como Meta, que tem aproximadamente 3,5 bilhões de pessoas[167] acessando pelo menos uma vez por mês uma das suas quatro plataformas e serviços de mensagens (Facebook, Instagram, Messenger, WhatsApp), armazenam os dados dos usuários. 3,5 bilhões de pessoas com dados armazenados em fazendas de servidores por apenas 1 (uma) única empresa. Há outras empresas de tecnologia, não necessariamente de redes sociais, que também armazenam dados infinitos para um ser humano absorver em uma vida, mas que os algoritmos são capazes de calcular. Se a maior biblioteca do mundo hoje, a Library of Congress[168] em Whashington, nos Estados Unidos, tem cerca de 160 milhões de itens e a clássica Biblioteca de Alexandria[169], estima-se, em alguns estudos, tinha 40 mil rolos de papiro e pergaminhos, o WhatsApp, em apenas um dia, na véspera do Ano Novo (2020-2021), bateu o recorde de 1,4 bilhão de chamadas por voz e por vídeo, sem contar as mensagens de textos e outros arquivos compartilhados[170].

O armazenamento de dados de usuários – pessoas que pensam e sentem, têm sonhos, segredos, histórias – é cada vez maior em diversas plataformas digitais. Esse acúmulo, para Flusser, assume uma dimensão maior:

> E assim o **acúmulo de informações** se manifestará não como um processo estatisticamente improvável, embora possível, mas

---

167 STATISTA. Number of monthly active Facebook users worldwide as of 2nd quarter 2021. Disponível em: < https://www.statista.com/statistics/264810/number-of-monthly-active-facebook-users-worldwide/>. Acesso em: 22 set. 2024.

168 LIMA, M. Conheça as 5 maiores bibliotecas do mundo. Universidade da Amazônia. Disponível em: <http://www.unama.br/noticias/conheca-5-maiores-bibliotecas-do-mundo>. Acesso em: 10 jan 2021.

169 BERTI, M.; COSTA, V. *The Ancient Library of Alexandria. A Model for Classical Scholarship in the Age of Million Book Libraries.* Perseus. Disponível em: <http://www.perseus.tufts.edu/publications/Berti-Costa_Alexandria_Kentucky.pdf>. Acesso em: 10 jan 2021.

170 G1. WhatsApp bate recorde de chamadas de voz e vídeo em um só dia durante o Ano Novo. Disponível em: <https://g1.globo.com/economia/tecnologia/noticia/2021/01/04/whatsapp-bate-recorde-de-chamadas-de-voz-e-video-em-um-so-dia-durante-o-ano-novo.ghtml>. Acesso em: 10 jan 2021.

como um propósito humano. E também não se manifestará como uma consequência do acaso e da necessidade, mas da liberdade. O **armazenamento de informações** adquiridas não será interpretado como uma exceção da termodinâmica (conforme se dá na informática), mas como intenção contranatural do homem condenado à morte.[171]

A contemporaneidade da citação acima, de uma obra escrita por Flusser em 1973/1974, é notável. Abrimos um breve parêntesis para destacar alguns fatos históricos que podem nos ajudar a nos situarmos.

ABRE PARÊNTESIS

A primeira transmissão de dados pela internet (na época designada Arpanet) aconteceu em 1969, assim como a transmissão ao vivo para centenas de milhões de pessoas de um homem pisando na lua. A Microsoft foi fundada em 1975. A Apple em 1976. A Web "www" veio a público como serviço de internet em 1991. A Amazon foi fundada em 1994. A Google, em 1998. A mídia social e rede social Facebook teve seu lançamento em 2004. E em 2007, embora já houvesse smartphones, a Apple lançou o iPhone.

Portanto, Flusser escreveu a citação acima cinco anos após o advento da primeira comunicação codificada através da Internet (ainda Arpanet) e viveu a sua "condenação à morte" em um acidente de trânsito no mesmo ano da disponibilização do "www", em 1991.

Gostaríamos de ouvi-lo – caro Vilém Flusser – sobre a comunicação de hoje, sobre, por exemplo, a Inteligência Artificial ou o metaverso. Bem, mas como a morte é inevitável, lidamos com a sua sobrevida – caro Vilém Flusser –, lidamos com seus escritos e arquivos, armazenados em

---

171 FLUSSER, 2017, p. 90, grifos nossos.

bibliotecas e no "www", afinal o homem "é um animal que encontrou truques para acumular informações adquiridas"[172].

FECHA PARÊNTESIS

Produzir, armazenar e transmitir informação de geração a geração é uma característica da nossa espécie produtora de cultura. Muito conhecimento se dá aí, podendo ser para o bem social, mas podendo ser também para sua degradação. Mas como é para o usuário de redes sociais digitais ter a sua vida, a sua biografia, registrada e disponível na internet de modo, digamos, permanente? O que isso implica na solidão e na relação com a morte? Longe de responder todas as nuances das questões num breve capítulo, vejamos alguns pontos trazidos por Lipovetsky:

> Ao contrário do Google, em que os internautas procuram informações "objetivas", o funcionamento do Facebook se escora em práticas carregadas de dimensões afetivas: conversar com seus pares, compartilhar dados pessoais, reencontrar velhos amigos, aproximar pessoas, preencher o sentimento de **solidão** ou de tédio, expressar emoções subjetivas. Seu sucesso é inseparável da possibilidade de expressar estados afetivos, sentimentos e paixões na esfera das relações privadas. Centenas de milhões de pessoas no mundo dedicam-se cotidianamente a colocar-se em cena, encantar seus amigos, projetar uma imagem favorável de si mesmas, atrair a atenção sobre si, com vistas a likes que adulam o ego.[173]

Este ponto da interação humana é genuíno, independente da plataforma, seja uma plataforma de rede social off-line, como uma praça pública,

---

172 FLUSSER, 2017, p. 89.
173 LIPOVETSKY, 2020, n.p., grifo nosso.

como uma plataforma de rede social on-line, de uma empresa privada, como o Facebook. Entretanto, quando essa interação tem como objetivo a ostentação de si, a ostentação de símbolos do mundo codificado, isso pode acarretar perturbação, pois, para o ostentador de si, há a questão da expectativa de ser adulado, e não contrariado.

> Alguns reconhecem inclusive se sentir tristes ou ofendidos quando não recebem comentários positivos, outros confessam acionar o botão like para receber um em retorno. Se, nas plataformas relacionais, as operações de exposição de si explodem, não é de forma alguma para "fazer" novos amigos, mas para aumentar a autoestima, se tranquilizar sobre si mesmo. Uma busca generalizada de sedução, orientada não para a conquista do outro, mas centrada nas necessidades emocionais do Eu. A utilização de ordem emocional do Facebook está no princípio de sua força de atração.[174]

Esse exemplo de comunicação não tem como objetivo ouvir realmente o que outro pensa ou sente, mas apenas receber um *like*, ou algum emoji de aprovação. Quando essa expectativa é frustrada, o usuário pode se sentir rejeitado e, por consequência, alargar o sentimento de solidão, em contraponto ao sentimento de pertencimento.

Outro aspecto da comunicação que pode, em vez de combater a solidão, aumentá-la, é o excesso de tempo conectado, o que pode parecer um paradoxo, pois quanto mais tempo "estamos" com os amigos – *friends* – menor deveria ser o sentimento de solidão.

Vejamos, então, a importância da *solitude*, apresentada pelo psicanalista e professor titular do Instituto de Psicologia da Universidade de São Paulo, Christian Dunker:

---

174 LIPOVETSKY, 2020, n.p.

Chegamos então ao que se pode chamar de solitude, a solidão boa e necessária, cuja impossibilidade anuncia o patológico. A solidão desse tipo e nessa qualidade intensifica certas experiências perceptivas e imaginativas. Ela é condição para o reconhecimento de grandes questões. [...] Não se trata apenas de quietude, isolamento e esvaziamento, mas de um conjunto de sentimentos altamente necessários para a **saúde mental**. [...] Por isso ela é considerada uma condição para o **desenvolvimento da autonomia**, da independência e da emancipação. [...] Ou seja, separar-se do Outro é um movimento, um tempo, que é absolutamente necessário para poder estar com o outro.[175]

De acordo com Dunker, a *solitude* é necessária. E chama de "patologias da solidão" a falta com a verdadeira solidão. Diz o autor:

Sabemos que precisamos de solidão quando nos sentimos vazios e isolados. As patologias da solidão apontam que estamos em falta com a verdadeira solidão. A coisa se torna venenosa, porque a nossa primeira reação é combater esses estados de isolamento e o vazio com "falsas experiências de solidão" ou "com próteses de experiências de reconhecimento", às vezes com festas, outras pelo engajamento em conversas ou relações "vazias".[176]

Dunker pauta a *solitude* (a solidão boa e necessária) como fundamental para a saúde mental, para a elaboração do ser. A possibilidade de estar consigo mesmo proporciona a possibilidade de estar com o outro. No entanto, quando nossa atenção está quase que permanentemente (excessivamente) conectada com algum aparato eletrônico de comunicação, à la

---

175 DUNKER, 2017, p. 23-24, 34, grifo nosso.
176 DUNKER, 2017, p. 33, grifo nosso

Facebook, abrimos mão da nossa saúde, pois abrimos mão da *solitude*, e a comunicação, que para Flusser é destinada a esquecer a solidão, alarga-se ainda mais, promovendo possíveis patologias.

> Toda vez que não há nada te ocupando, você pega um cigarro, pensa numa garrafa ou tenta abrir o Facebook? Toda vez que começam as férias ou chega domingo à noite, ou os filhos saem de casa, você sente um vazio composto de dolorosa tristeza? Está na hora de tentar urgentemente uma solidão de verdade.[177]

Quando Dunker se refere a uma solidão de verdade, está se referindo à *solitude*. A *solitude*, como vimos, é algo saudável e fundamental para o ser. Já a solidão, quando vivenciada de modo equivocado, pode ter consequências patológicas, algumas delas apresentadas em artigo da BBC News que apresenta quatro formas em que a saúde física pode ser afetada pela solidão:

> A solidão está associada a um aumento de quase um terço do risco de sofrer doenças cardiovasculares, como problemas de coração e derrames cerebrais. Nicole Valtorta, da Universidade Newcastle, no Reino Unido, estudou o fenômeno e disse à BBC que três mecanismos podem explicar essa correlação [psicológico; biológico; comportamental]
> [...] Um estudo das universidades da Califórnia e de Chicago, publicado em 2015 na revista especializada PNAS, investigou o efeito celular da solidão em humanos e macacos, e concluiu que o sentimento de isolamento pode reduzir a eficiência do sistema imunológico.
> [...] Outro estudo da Universidade de Chicago concluiu que as pessoas que sofrem de solidão têm maior probabilidade de ter

---

177 DUNKER, 2017, p. 33, grifo nosso.

pressão sanguínea mais alta no futuro. A hipertensão está associada a um maior risco de derrame, ataque do coração, problemas de rim e demência. O estudo foi publicado em 2010 na revista Psychology and Aging.

[...] O isolamento social e a solidão estão associados a um aumento de 30% no risco de morte prematura, segundo um estudo da Universidade Brigham Young, dos Estados Unidos, publicado em 2015 na revista da Association for Psychological Science.[178]

Assim, solidão (não a *solitude*) pode ser, dentre outros aspectos, uma espécie de não encaixamento no mundo codificado, uma inadaptabilidade na "segunda natureza", um não pertencimento, pois nem sempre os símbolos e narrativas dominantes da "segunda natureza" são capazes de acolher todos os indivíduos a ponto de se sentirem pertencentes para atuar neste mundo, tendo como consequência, muitas vezes, uma desconsideração por si mesmos. Do mesmo modo, em determinadas pessoas, pode ter como efeito um tipo de atitude de "ataque-defesa" para lidar com a ansiedade estimulada pelo medo da solidão, tendo em vista o sentimento de pertencimento, pondo de escanteio a sua própria autenticidade, buscando ser inserido, "adicionado", visto, curtido, comentado, ostentando a felicidade e a saúde, mesmo que fictícia. Diz Vera Salvo, doutora em Saúde Coletiva pela UNIFESP: "O ser humano necessita de pertencimento e fará qualquer coisa para se sentir parte, ainda que isto não represente saúde, mas doença"[179]. E, paradoxalmente, por negar sua própria autenticidade, tanto a conquista quanto a derrota desse seu ensejo podem ter como consequência a solidão.

---

178 Disponível em: https://g1.globo.com/bemestar/noticia/quatro-maneiras-como-a-solidao-pode-afetar-sua-saude-fisica.ghtml . Acesso 10 jan. 2021
179 SALVO, 2021, p. 121.

Em suma, para não sentirmos solidão, vivenciamos o processo da comunicação, mas se nos comunicarmos de modo excessivo, a ponto de não conseguirmos ficar a sós (*solitude*), além do desacordo com nossa autenticidade, também poderemos ter como consequência patologias. O ponto é: devemos achar espaços de *solitude,* identificando a nossa autenticidade, para não sentirmos de modo negativo a solidão (apresentada por Flusser). E vale um adendo: é necessário estarmos atentos para não alargamos demais a *solitude*, como armadilha, caindo na solidão, que pode tender, como vimos, à morte prematura.

METAVERSO E A ECONOMIA DA ATENÇÃO

O metaverso[180], proposto pela empresa Meta (ex-Facebook), é mais um exemplo de mundo codificado, "segunda natureza", nos provocando a refletir sobre, dentre outros temas: a lógica da economia da atenção, privacidade e a coleta de dados nesta circunstância.

Apresentado por Mark Zuckerberg, o metaverso cria a possibilidade de estarmos juntos, em diversas partes do mundo. Através de avatares, podemos nos expressar, nos relacionar, interagir, com a noção de presença. E, através de um clique, nos teletransportarmos.

Nesse futuro proposto, a capacidade imersiva é muito maior. A distinção entre o teatro de sombras e a alegoria da caverna emerge novamente, porém agora com possibilidades de criar uma experiência muito mais próxima, com a sensação de presença, da "realidade pré-digital".

Essa imersão pode elevar ainda mais o potencial de coleta de dados, captura de tempo e atenção, no contexto da economia da atenção. Se

---

180 ZUCKERBERG, M. *The Metaverse and How We'll Build It Together -- Connect 2021*. Meta. Disponível em: <https://www.youtube.com/watch?v=Uvufun6xer8>. Acesso em: 5 fev 2022.

em momentos de interação e expressão em plataformas digitais não imersivas é possível coletar dados, no metaverso, até quando estivermos em silêncio e contemplação[181], a coleta poderá acontecer e de maneira cada vez mais precisa.

Quando estamos vivenciando, por exemplo, a nossa *solitude* em uma praia no litoral brasileiro, existe uma barreira para que a tecnologia capture o nosso tempo de atenção e uma dificuldade em extrair subjetividades profundas. Mas quando vivenciamos a nossa *solitude* em uma praia no metaverso, nosso tempo e atenção estão dentro de uma plataforma digital, e os dados íntimos e subjetivos do momento de *solitude* podem ser facilitados para extração. Vejamos uma afirmação de Zuckerberg referindo-se aos novos modos de interação, no vídeo de apresentação do metaverso: "Em vez de digitar ou tocar, poderemos fazer gestos com as mãos, dizer umas palavras, ou mesmo fazer coisas acontecerem apenas pensando nelas"[182]. O pensamento possibilitará comandos. Será possível rastrear determinados tipos de comandos cerebrais. Implicando, assim, uma discussão profunda sobre a privacidade mental. Se hoje na rede social Facebook há estímulos para o usuário dizer o que está pensando – "No que você está pensando...?", frase que aparece na caixa de digitação –, na proposta do metaverso, o pensamento, em certos casos, não precisará ser digitado. Vale ressaltar que não consideramos propostas de espaços digitais, como o metaverso, algo como uma ficção científica distópica, mas há impactos negativos se mal geridos, ao mesmo tempo, em seu oposto, pode promover impactos benéficos ao usuário e à comunidade.

---

181 Lembrando que o capitalismo de sedução (LIPOVETSKY, 2020), sistema plástico e criativo que é, consegue transformar tudo, ou quase tudo, em mercadoria, inclusive processos contemplativos, o que já ocorre. Há inúmeros aplicativos, por exemplo, para *smartphones* voltados à meditação, ao relaxamento, ao desacelerar, ao intervalo e assim por diante – como *Lojong, Headscape, Calm* etc.

182 ZUCKERBERG, M. *The Metaverse and How We'll Build It Together -- Connect 2021*. Meta. Disponível em: <https://www.youtube.com/watch?v=Uvufun6xer8>. Acesso em: 5 fev 2022. Tradução nossa.

A questão da subjetividade humana é crucial para essa discussão. Pois, seja na realidade física, seja na realidade virtual, a subjetividade da pessoa é a mesma. Independente do cenário, virtual ou não, a subjetividade, reforçamos, continua sendo a mesma. As emoções, sentimentos, vontades, contradições etc. são tipos de subjetividades que pertencem ao ser, dentro ou fora de um metaverso. Ou seja, um dos grandes valores para as empresas é a subjetividade do usuário mapeada, assim, a plataforma digital pode, a partir do mapeamento, propor o que lhe convier com mais clareza do seu usuário. Diz Zuckerberg, no mesmo vídeo:

> Tenho orgulho do que já construímos e estou entusiasmado com o que está por vir e que vai além do que é possível hoje, além dos **limites das telas**, além dos limites da distância e da física e **rumo a um futuro** onde todos podem estar presentes, criar novas oportunidades e viver novas sensações.

Muitos debates serão levantados sobre essa e outras perspectivas de se viver a internet. Seja em metaversos pensados pela empresa Meta, ou por outras empresas, como pela sociedade civil. Assim, esperamos que cada nova possibilidade do mundo codificado – "segunda natureza" – nos proporcione não a solidão do indivíduo, mas a reunião dele com o mundo, como nos lembra a doutora em Comunicação e Semiótica (PUC/SP), Malene Contrera: "Toda comunicação é uma tentativa de re-união com o mundo, de estabelecer um vínculo que possa ser ponte entre a consciência e o sentimento primordial de fazer parte, de pertencer"[183].

---

183 CONTRERA, 2007, p. 3, grifo.

6 | CONTRAPONTOS PROPOSITIVOS – CAMINHOS PARA AUTONOMIA

Neste último capítulo, buscaremos refletir sobre algumas possibilidades de contrapontos à sedução algorítmica, no contexto da economia da atenção – em que plataformas digitais, não levando em conta na balança das prioridades o cuidado para com o usuário, privilegiam os interesses de empresas.

Abordaremos a importância dos **rituais** como forma de habitar o tempo e arquitetura temporal da vida, a necessidade do **sono**, do **repouso atencional**, o **espaço para escuta** e o **propósito**.

Como veremos, há muitas maneiras de possibilitar o alargamento da autonomia em relação às plataformas digitais, no contexto da economia da atenção.

RITUAIS

O primeiro contraponto que propomos para lidar com a sedução algorítmica é o dos rituais. É possível encontrar diversas definições e interpretações sobre a palavra ritual. Entendemos aqui os rituais, conforme o filósofo Byung-Chul Han, como técnicas simbólicas de encasamento. Segundo ele, os rituais "transformam o estar-no-mundo em um estar--em-casa. Fazem do mundo um local confiável. São no tempo o que uma

habitação é no espaço. Fazem o tempo se tornar *habitável*. Sim, fazem-no viável como uma casa. Ordenam o tempo, mobiliam-no".[184]

Entendemos rituais também como estruturas fixas que se repetem. Para Türcke, seriam estruturas coaguladas, codificadas que "podem assumir formas temperadas, na verdade amenas, por assim dizer, e girar ao redor de algo bastante profano: uma encenação, um discurso, uma refeição"[185]. Para o autor, um café da manhã de domingo, apreciado com mais tempo, com itens e objetos que não estão presentes no restante da semana, como uma toalha de mesa limpa e velas, possui, sem dúvida, algo de ritual.

Os rituais possibilitam estabilidade à vida e podem ser tanto castradores como libertadores, dependendo de como são experienciados. Entretanto, aqui enfatizamos sua possibilidade libertadora, uma forma de pausa no contexto da economia da atenção. Essa pausa passa a ser um espaço temporal, destinado a uma prática. É uma das formas de dar limite à sedução algorítmica que insiste em capturar o nosso tempo e atenção. É um bloqueio na agenda. Não sofre interferência. É uma postura "modo avião". O nosso contraponto propositivo é que as pessoas saibam determinar e vivenciar seus rituais cotidianos, habitando o tempo – *time* –, evitando o excesso de "linha do tempo" – *timeline*. Tendo os rituais como estrutura fixa, organizadora da vida, capaz de dar limite pela arquitetura temporal.

Uma sociedade sem rituais não tem marcação temporal. A vida passa a ser uma linha longilínea. Não é possível medir, pois não há picos, como uma medição cardíaca que, quando sem alternância, é morte, é *flat, é* plano, é liso, é expressão inexpressiva. Os rituais ajudam a delimitar o tempo, a marcar o tempo, a pulsação. Uma nota musical soando ininterruptamente sem alternância dificilmente será música, mas sim ruído, como um aparelho

---

184 HAN, 2021, n.p.
185 TÜRCKE, 2016, n.p.

eletrônico quebrado acusando algo de errado. Porém, como é uma nota ininterrupta, os ouvidos depois de um tempo a eliminam – camuflam o som –, sendo percebido apenas quando é desligado, em que o ritmo *monotom*, monótono, é quebrado, alterado. A vida e a natureza possuem alterações, de climas, de estações, de matéria orgânica, isso porque se só houvesse dia, não saberíamos provavelmente conceber a noite, e vice-versa.

Vale ressaltar que o fundador da Microsoft, Bill Gates, não deu celulares para seus filhos antes de eles completarem 14 anos e proibiu o uso dos aparelhos durante as refeições e antes de dormir. Assim como Steve Jobs, o fundador da Apple, "insistia em jantar na grande mesa da cozinha, falando sobre livros, história e muitas outras coisas [...]. Ninguém nunca pegou um iPad ou um computador"[186].

É possível vivenciar rituais diante de telas – com começo, meio e fim –, no entanto, viver diante de telas que emanam luz faz das 24 horas um constante dia, dificultando a questão do sono para o organismo. Por isso vamos para o próximo contraponto: o sono.

SONO

> *Na Netflix, a competição é pelo tempo dos nossos assinantes; portanto, nossos concorrentes incluem o Snapchat, o YouTube, o sono etc.*
> Reed Hastings, CEO da Netflix[187]

O sono é condição de vida e saúde. A privação do sono pode ser um tipo de tortura e provoca, dentre outras consequências, déficits cognitivos e psíquicos deletérios. Kutuzov, em "Guerra e Paz", de Tolstói, afirma:

---

186 Época Negócios. Saiba por que Steve Jobs não deixou seus filhos usarem iPads. Disponível em: https://epocanegocios.globo.com/Tecnologia/noticia/2021/09/saiba-por-que-steve-jobs-nao-deixou-seus-filhos-usarem ipads.html#:~:text=O%20fundador%.

187 Apud WILLIAMS, 2021, n.p.

"Mas antes de qualquer batalha não há nada mais importante... (fez uma pausa) do que o sono.". Dada a dimensão do que está economicamente em jogo, há uma corrosão generalista, cada vez maior, do sono. Poderíamos afirmar, em certos casos, que o sono do corpo não pertence mais ao dono do corpo.

A sedução algorítmica pode causar prejuízos ao sono. Nossa atenção está sendo buscada. É preciso dormir. Fechar os olhos. Se há uma desestabilização da saúde devido à diminuição de tempo do sono reparador, é preciso estabelecer limites e não permitir que os minutos e horas se esvaiam por telas e afins. Pesquisas recentes demonstram o crescimento exponencial do número de pessoas que acordam durante a noite para consultar mensagens ou acessar seus dados.

O sono, por causar disfunções cognitivas, coloca o usuário em situação ainda mais vulnerável. O professor de arte moderna e teoria da Universidade de Columbia, Jonathan Crary, em *24/7 – Capitalismo tardio e os fins do sono*, afirma que é impossível separar o dano ao sono do atual desmantelamento da proteção social em esferas variadas da vida:

> Assim como o acesso universal à água potável tem sido destruído pela poluição e pela privatização no mundo todo, somadas à valorização comercial da água engarrafada, não é difícil ver um processo similar de produção da escassez em relação ao **sono**.[188]

As plataformas digitais, expressas em telas, simulam um shopping center, aberto ininterruptamente, com luzes acesas o tempo todo, em que os corredores lisos se tornaram telas lisas de rolagem intermináveis. Não há pausa. Não há noite. Podem ser acessadas 24h por dia, 7 vezes por semana. Não há feriado, horário de encerramento. Os suportes maquinais

---

188 CRARY, 2016, n.p., grifos nossos.

não necessitam de sono. Nesse contexto, a privação do sono é, conforme Crary, inseparável de diversas outras formas de desapropriação e ruína social em curso no mundo inteiro.

Poderíamos enquadrar o sono como um ritual, mas optamos por não, pois o sono é uma necessidade que antecede a existência dos rituais. É uma necessidade biológica. Assim, nosso contraponto propositivo é trazer à tona um alerta para o sono. Estipulando limites para desfrutar de um sono reparador, peça chave para a qualidade de vida, para a saúde física, mental, emocional e uma resistência à lógica da economia da atenção.

O respeito pelo sono é o respeito pelo biológico, é o respeito pela vida.

REPOUSO ATENCIONAL

Nossa sociedade tende a estar mais orientada ao aprendizado da cultura do trabalho. Contudo, em muitos casos, a cultura do trabalho, quando mal compreendida, negligencia o repouso. Quantas vezes se apresenta como valor (status social) a aparência da personalidade multi-atarefada, com excesso de trabalho, "na correria"? Diz Crary: "No paradigma neoliberal globalista, dormir é, acima de tudo, para os fracos"[189]. Parece que partimos do pressuposto de que descansar é algo que não é preciso aprender. É sabido que para se trabalhar bem – e, principalmente, para se viver bem – é necessário o descanso.

A provocação que levantamos é: será que sabemos descansar? Será que a cultura em que nos encontramos tem a clareza do valor do repouso? No entanto, numa sociedade em que as mídias digitais se tornam mais e mais onipresentes, a mente está repousando? Como fica o repouso atencional?

---

189 CRARY, 2016, n.p.

"O antídoto para a fadiga da atenção é o mesmo para a fadiga física: descansar. Mas como descansar um músculo mental?[190]" pergunta Goleman. Stephen Kaplan, da Universidade de Michigan, propõe o que ele chama de "teoria da restauração da atenção":

> Essa restauração ocorre quando passamos de um estado de atenção esforçada, em que a mente precisa anular as distrações, para um estado em que nos deixamos livres e permitimos que nossa atenção seja capturada pelo que quer que se apresente. Mas apenas certos tipos de foco ascendente agem de modo a restaurar energia para a atenção focada. Navegar na Internet não é o caso.
> Fazemos bem de nos desconectarmos regularmente. Tempos em silêncio restauram nosso foco e nossa serenidade.[191]

A mente precisa de respiros, silêncios mentais. E essa restauração é mais efetiva, diz Kaplan, na natureza. Ao caminhar pelas grandes cidades precisamos atravessar ruas, desviar de pessoas e carros, ignorar os barulhos de buzina, dos ruídos, e tudo isso exige da nossa atenção. Por outro lado, uma caminhada num parque ou bosque exige pouco desse tipo de atenção. "Podemos nos restaurar passando algum tempo na natureza — até mesmo alguns minutos caminhando num parque ou em qualquer local rico em coisas fascinantes como os tons avermelhados das nuvens durante o pôr do sol ou o voo de uma borboleta."[192]

Kaplan nos faz remeter a Hempton, ecologista acústico, que busca salvar o som ameaçado: o silêncio, isto é, as paisagens sonoras naturais. O silêncio, para Hempton, não é a ausência de som, mas o silenciamento dos toques de celular, dos motores, das britadeiras — da poluição sonora

---

190 GOLEMAN, 2013, n.p.
191 Apud GOLEMAN, 2013, n.p.
192 GOLEMAN, 2013, n.p.

produzida pelo homem que tomou conta do planeta. A poluição visual é evidente, a sonora é invisível, apesar de perceptível. Hempton é cofundador da *Quiet Parks International* (QPI)[193], a primeira organização sem fins lucrativos que visa certificar e preservar as últimas paisagens sonoras naturais da Terra da barulheira causada pela humanidade.[194]

Sendo o silêncio cada vez mais escasso, também a restauração da atenção é dificultada. O repouso atencional se faz necessário para o restabelecimento das faculdades mentais. É preciso silêncio de fora para dentro para podermos descansar a atenção, por isso trazemos este aspecto como contraponto propositivo à sedução algorítmica. E sabemos que "fechar os olhos e os ouvidos" – se desligar – não é de interesse à frenética lógica da economia da atenção.

E, vale lembrar, quando o silêncio de fora acontece, vozes internas emergem.

ESPAÇO PARA A ESCUTA

Conto

Marquei um Encontro

Hoje marquei um encontro repentino comigo mesmo. Pedi um café bem quente para durar o máximo de tempo. Foi um encontro daqueles que sem querer você encontra alguém pela rua e fala:

---

193 *Quiet Parks International.* Disponível em: <https://www.quietparks.org/>. Acesso em: 7 fev 2022.
194 STEIN, E. O som mais ameaçado do mundo. Terra. Disponível em: <https://www.terra.com.br/noticias/ciencia/o-som-mais-ameacado-do-mundo,8e29abd32 513b3a365ad61431bfefb33lblnyx3g.html>. Acesso em: 7 fev 2022.

vamos tomar um café?! Aqui estou. Quanto tempo que não o via. Sempre correndo, só assim para a gente se encontrar. Se a gente tivesse marcado não teria dado tão certo.

Perguntei o que fazia por aqui. Disse que precisava resolver umas coisas. Então repeti – o que fazia por aqui? Disse o mesmo. Mas na terceira vez a resposta veio. Não sei bem ao certo, apenas tocando em frente. Para onde? Não sei bem, tocando.

Antes do café esfriar, olhei bem dentro de si. Silêncio. Virei o café.

O compromisso me esperava, tive que me despedir. Bom te ver. Mande notícias. Vamos marcar mais vezes. Respirei fundo. E saí com a pergunta que havia me feito. O que fazia por aqui?

Quando nos silenciamos do mundo exterior, muitas vozes internas costumam emergir, sejam reflexões profundas, emoções, lembranças, sensações etc. Infinidades de pensamentos nos habitam. O que eles estão dizendo?

O modo como lidamos com estas vozes é de foro íntimo, e há muitas maneiras, inclusive com a ajuda de profissionais especializados, de trabalhá-las. É certo que quanto mais lidamos com elas, mais sabemos lidar, no entanto não abordaremos este aspecto aqui. O que defendemos é o espaço para a escuta, dialogando, como vimos, com a questão da *solitude*.

A partir da escuta profunda, analítica e constante, é possível se conhecer melhor. É condição para a autonomia, o autoconhecimento. Quanto mais uma pessoa se conhece, mais condição para a autonomia possui. Para Zuboff, "toda ameaça à autonomia humana começa com um ataque à consciência, 'dilacerando nossa capacidade de regular nossos pensamentos, emoções e desejos'".[195] Não é tão simples lidar com estruturas sedutoras. Há muitos interesses e estratégias. Diz Williams: "Milhares

---

195 ZUBOFF, 2020, n.p.

de psicólogos, estatísticos e programadores entre os mais brilhantes do mundo têm dedicado a maior parte do tempo que passam acordados a tentar descobrir como minar sua força de vontade"[196]. De qualquer modo, as vozes emergidas têm valor inestimável para aquele que busca se conhecer. As vozes internas carregam possibilidades de autoconhecimento. E, através da ciência de si, o autoconhecimento nos permite: fazer o que queremos fazer; ser quem queremos ser; ou ainda, conforme Williams, "querer o que queremos querer".

Este espaço para escuta que acessa e aprende com a realidade íntima fortalece a autonomia, o autocontrole, a capacidade de lidar e dar limites às plataformas digitais, no contexto da economia da atenção. Saber dar limite a si mesmo é estar mais próximo da liberdade.

E para navegar livremente pelas plataformas digitais é prudente ter a clareza do: propósito.

PROPÓSITO

As plataformas digitais têm clareza de seus propósitos. E o usuário tem clareza de seu propósito? Caso o usuário não o tenha, há boas chances de que se confunda com o propósito que determinadas plataformas criaram para ele. Muitos dos melhores engenheiros de software, designers, analistas e estatísticos do mundo, como afirma Williams, "agora gastam seus dias tentando descobrir como direcionar o pensamento e o comportamento das pessoas para objetivos predefinidos que podem não estar em sintonia com os objetivos delas próprias"[197].

---

196 WILLIAMS, 2021, n.p.
197 WILLIAMS, 2021, n.p.

A título de exemplo, façamos um paralelo entre o caminhar em uma floresta e o navegar pela web, isto é, por plataformas digitais.

Ao navegarmos sem um objetivo claro pela internet, é quase certo, chegaremos em algum lugar a que fomos conduzidos. Ao caminharmos sem um objetivo claro pela floresta, é quase certo, chegaremos em algum lugar a que nos conduzimos.

Tanto a floresta quanto as plataformas digitais têm seus riscos. A diferença é como cada uma se relaciona com o tempo, a atenção e a autonomia de quem nelas entra. Ao nos conduzirmos dentro de uma floresta tendemos a fortalecer nossa autonomia. Já, ao sermos conduzidos dentro de uma plataforma digital, podemos ter nossa autonomia enfraquecida. Isso dependerá da maneira como nos relacionamos.

Aqui entramos na questão do propósito.

Se caminharmos pela natureza sem propósito, nossa atenção continuará sendo nossa, no entanto, nas plataformas digitais, como expusemos, nossa atenção pode seguir outros rumos. A partir daí, o propósito em caminhar consciente ganha importância, claro, se assim o quisermos.

No capitalismo de sedução, tudo mira a nos cativar. É difícil caminhar no mundo sem estarmos em conexão com nós mesmos e ainda assim realizarmos nossa vocação – vocação, do latim *vocatio-onis*, "ato de chamar", no sentido daquilo que nos evoca, de dentro para fora e não de fora para dentro.

Por isso a importância de nos escutar e nos permitir ao silêncio, para que assim as falas internas aconteçam. Hoje é comum o tédio ser suprido por algum *gagdet* – dispositivo. Na realidade, o tédio que sentimos hoje é bem diferente do tédio que antecede as plataformas digitais, os smartphones. A poluição mental, o barulho constante, os ruídos visuais, aumentaram muito na sociedade de sedução e consequentemente o ato subjetivo da autocontemplação também enfraqueceu. Santaella fala sobre o desafio de viver na era dos estímulos constantes:

> Embora cada época seja desafiada pelas tecnologias que lhe são próprias, as tecnologias atuais estão nos programando para sermos continuamente interrompidos. Estímulos novos acionam nossa adrenalina, e nosso corpo assim nos recompensa por prestarmos atenção ao que é novo. Mas viver de maneira dominantemente reativa minimiza nossa **capacidade de perseguir alvos**.[198]

Assim, os estímulos provocadores à interrupção não se encontram apenas na ocasião do uso das plataformas digitais, mas também fora delas, com os alertas constantes que soam, por exemplo, através do smartphone. Com a quase onipresença da realidade digital interferindo na realidade "não-digital" – que cada vez mais vai se tornando uma realidade única –, a clareza do propósito se faz necessária para aqueles que buscam viver seus autênticos e profundos interesses, assim como suas reais necessidades: "havia um nível ainda mais profundo de 'distração' a ser enfrentado: o tipo de distração que ameaçaria nossa capacidade de, antes de tudo, compreender e definir **quais são nossos valores e objetivos**."[199]

Sem o senso crítico alinhado ao autoconhecimento, dificilmente alcançaremos uma relativa autonomia. Autonomia, do grego: *auto*: de si mesmo; *nomía*: lei – a capacidade de se autorreger. E fazer escolhas que tenham sentido. Sentido é sinônimo de propósito. O propósito é um sentido que se vive como horizonte, que se realiza no caminhar. O propósito na prática facilita a vida, pois nos lembra o que mais importa. Se não soubermos, como diz a frase atribuída a Sêneca, para qual porto estamos navegando, nenhum vento

---

198 SANTAELLA, 2019, p. 28, grifo nosso.
199 WILLIAMS, 2021, n.p., grifo nosso.

nos ajudará. Ciência na navegação permite ter o controle das velas. Assim, o propósito contribui para nos blindar frente ao excesso de informação, alertas e ruídos que buscam capturar o nosso tempo e atenção, pois sabendo ou tendo alguma ideia do que queremos, não nos inclinaremos tão facilmente a qualquer sedução algorítmica, a qualquer cortejo sedutor.

OUTROS CONTRAPONTOS POSSÍVEIS

Há inúmeros contrapontos que poderiam ser discutidos. Todas as ações que prezem pela autonomia e pela liberdade dos usuários e da comunidade são importantes.

Vejamos brevemente alguns deles.

Temáticas advindas da legislação, com objetivo de regular a relação da plataforma para com o usuário, são parte central. A legislação tem desafios para acompanhar a tecnologia, especialmente quando inovadora. Ao mesmo tempo, sabemos que muitas das leis que já se aplicam ao mundo "não-digital" podem ser aplicadas ao digital. Regular não é censurar. É condição para a não degradação da democracia que se estende ao digital. É preciso, como enfatiza Eugênio Bucci, na obra *Incerteza, Um Ensaio*, "a adoção de marcos regulatórios mais efetivos, no plano nacional e no plano internacional (por acordos multilaterais) [...], trata-se de um esforço análogo àquele que adotamos para enfrentar os efeitos extremos da mudança climática". A título de exemplo, cabe ponderar, como o faz a advogada Ekaterine Karageorgiadis[200], que as normas que regulamentam a publicidade dirigida à criança no Brasil não pretendem bani-la, mas conter seus abusos. E, como já vimos, ainda assim, há empresas que podem jogar com as leis, estando dispostas a atitudes ilícitas, desde que sejam

---

200 ANDRADE; CASTRO, 2020

compensatórias. Assim, os usuários, além de buscarem um aprimoramento da lei, precisam tomar medidas e cautelas para lidar com as plataformas digitais.

Outra questão importante é a ética do design da programação em relação à atenção do usuário. Uma vertente do debate fundamental para lapidar a relação da plataforma com o usuário, atuando na causa, atuando na fonte. Como, por exemplo, "(a) repensar a natureza e o objetivo da publicidade, (b) proceder a uma reengenharia conceitual e linguística, (c) alterar as determinantes de origem no design de programação, e (d) promover mecanismos de responsabilização, transparência e monitoramento."[201]

O diálogo dos usuários com as plataformas digitais também necessita de debate, visando, nesse caso, espaços e representatividade para que suas opiniões tenham peso necessário para mudanças reais. Também seria o caso de trazer à pauta a possibilidade de plataformas digitais tornarem-se *B-Corp* – "corporações beneficentes" –, como o escritor Tim Wu[202], professor da Columbia, propôs à Meta.

Ressaltamos, ainda, a questão das alternativas para o trabalho mediado por plataformas como tentativas de atenuar o esfacelamento da classe trabalhadora frente ao capitalismo de plataformas: "a) a regulação do trabalho nas plataformas digitais; b) a organização coletiva dos trabalhadores; c) a construção de outras lógicas de organização do trabalho, como o cooperativismo de plataforma".[203]

Um outro assunto referente à saúde é sobre possíveis problemas causados pela exposição a radiações de aparelhos eletrônicos em contato com o corpo, assim como a ondas eletromagnéticas que correspondem

---

201 WILLIAMS, 2021, n.p.
202 WILLIAMS, 2021, n.p.
203 GROHMANN, 2020, p. 116.

às faixas utilizadas pela telefonia celular no Brasil, assim como o princípio da precaução[204], em detrimento da visão reparatória.

Enfim, há estes e muitos outros pontos a serem debatidos e verticalizados, que merecem nossa atenção e tempo com relação às plataformas digitais. Além de acreditarmos na ação individual, também acreditamos e apoiamos ações coletivas da sociedade civil organizada. Cremos que o caminho para mudanças profundas e conquistas sociais venham destas ações.

Por fim, encerramos fazendo a pergunta: quanto *te* custa prestar atenção?" Williams nos responde em sua síntese:

> O preço da atenção são todas as coisas a que a gente poderia ter se dedicado, mas não se dedicou: todos os objetivos que não perseguiu, todas as ações que não realizou, e todos os possíveis eus que poderíamos ter sido, caso tivéssemos prestado atenção àquelas outras coisas. O preço da atenção são possíveis futuros perdidos. Você paga pelo episódio extra de *Game of Thrones* com a conversa íntima que poderia ter tido com seu filho sobre a ansiedade dele. Você paga aquela hora a mais nas mídias sociais com o sono que não dormiu e a sensação de energias renovadas que não teve na manhã seguinte. Você paga o fato de ter sido fisgado por aquela isca indutora de indignação sobre aquele político que você odeia com a paciência e a empatia de que aquilo te privou, mais a raiva de si mesmo por ter se permitido morder a isca, pra começo de conversa. O preço da atenção são as vidas que poderíamos ter vivido.[205]

Agradecemos seu tempo e sua atenção.

---

204 GOLDIM, J. R. O Princípio da Precaução. UFRGS. Disponível em: <https://www.ufrgs.br/bioetica/precau.htm>. Acesso em: 6 fev 2022.
205 WILLIAMS, 2021, n. p.

Posfácio | AS SEDUÇÕES ALGORÍTMICAS

O livro *Sedução Algorítmica*, de Júlio de Ló, é uma excelente introdução às questões trazidas pelas plataformas e redes digitais, articulando uma série de problemas e discussões em torno da ideia central de que nossa sociedade se tornou organizada pela economia da atenção, mesmo que boa parte das pessoas ainda não tenha percebido as consequências desta mutação. Mas "atenção", aqui, não quer dizer concentração, foco ou presença detida, mas paradoxalmente distração, *scrolling* e ocupação de mediana interessância. A distração seria uma espécie de obesidade mental, no interior da qual desenvolvemos uma espécie de transe 'interpassivo'. Lembremos que a 'interpassividade' é a nova interatividade, no interior da qual estamos presentes na situação, mas representado por uma versão ou um duplo de nós mesmos, que ri ou bate palmas das piadas sem graça, chora nos funerais por nós, mostra o interesse e dedicação que deveríamos ter, mas que nossa preguiça anestésica nos impede.

Ou seja, a sedução algorítmica descobriu que não é possível manter as pessoas em disposição compenetrada recebendo a seiva digital por meio de implantes cerebrais, como vimos na trilogia *Matrix*. Lembremos que a primeira versão da Matrix não deu certo porque ela administrava felicidade demais. Também aqui, em nossa segunda versão dos algoritmos, nos contentamos com gatinhos, lembranças e pequenos *shots* de informação, capaz de manter nossa *facie hipocratica* baseada no pequeno sorriso anódino, na atenção morna e no olhar opaco, cujo brilho parece ter sido raptado pela tela.

Diante dos algoritmos estamos sujeitos a uma espécie de sedução interpassiva. Como uma máquina de caça níqueis, ela vai girando a manivela

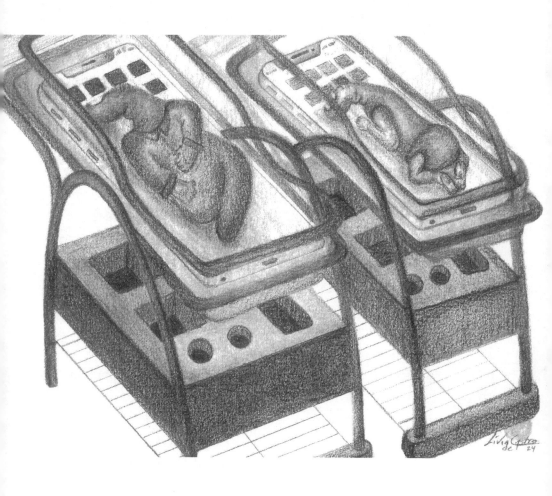

por nós, enquanto vemos as cominações de imagens e números caírem sobre nossos próprios olhos. De vez em quando temos uma forte dose de dopamina, que ilumina algo em nós, gerando prazer, mas não satisfação. Isso parece planejado porque uma verdadeira satisfação gera suspensão e distanciamento. Como se diz: *post coito, animal triste* (depois da transa vem a tristeza). Isso não seria "bom para os negócios", pois nestes pontos de satisfação – ou seja, neste momento em que poderíamos interromper nosso ciclo comportamental, como fazemos com uma refeição, quando dizemos estou "satisfeito", quer dizer "isso é o bastante" –, os algoritmos precisam nos levar ao ato, mas não ao orgasmo de consumo.

Portanto, a imagem de uma sedução que não "se resolve" parece ser a chave para pensarmos este novo tipo de sedução digital. A distração funcional digital não apenas segue o preceito da redundância que rastreia e memoriza por onde andamos, mas também nos devolve uma repetição centrífuga da história de nossas próprias escolhas.

A junção entre algoritmos e inteligência artificial parece ter desenvolvido uma espécie de antídoto contra si mesmo, para que nos tornemos imunes à mesmice que eles mesmos produzem. Isso parece acontecer graças a duas operações conjugadas. Na primeira, a sedução digital assume uma dimensão tântrica, capaz de estender um pouquinho mais o momento do engajamento ou da decisão de compra. Se você quer uma mamadeira, talvez interesse uma chupeta também. E se você mostrou algum interesse (parando alguns segundos diante da chupeta), talvez possamos evoluir para um autêntico carrinho de bebê. Certo, ele está caro. Que tal algo mais módico e acessível como, digamos, um livro sobre gestação ou um *pop-up* sinalizando métodos artificiais para facilitar a concepção. Você já tinha se decidido pela mamadeira (que é o que você, a princípio, precisava), mas agora temos uma nuvem de caminhos, opções que se abrem. Mesmo em caso de contenção, tais quase-escolhas ficarão registradas e serão usadas contra você, talvez naquele momento de desamparo, naquela noite escura, quando nada está certo e todas as companhias se tornam cinzentas e digitais.

A ideia de que a sedução pode ser distendida para patamares ainda impensados trabalha em associação com outro *drive* importante: a ideia de que se você não decide perder, e se perdeu esta, pode começar a acumular derrotas, cujo resultado será o FOMO – *Fear Of Missing Out* (medo de ficar de fora, em tradução livre). O primeiro tempo da sedução consiste em produzir, artificialmente, a sensação de que estamos sendo permanentemente convocados a clicar, a opinar, a testemunhar, a apoiar, a responder que a mensagem foi recebida, a indicar que estamos aqui e no processo da sedução. Nisso vamos nos instalando nesta confortável posição dos marinheiros de Ulisses, comedores das flores de lótus, oferecidas pela feiticeira Circe. Gradualmente, nos tornamos porcos incapazes de se enxergarem como porcos. Porcos que poderiam estar sentados diante do muro, dentro da caverna platônica, fascinados por sombras animadas, com medo de se virar para a fonte de luz e se desorientar pelo contato com as ideias e com elas mesmas.

Mas a situação não é tal que não nos tornamos apenas suínos adestrados a nos apresentar, voluntariamente, dia depois de dia, para receber nossa porção diária de lavagem digital. Alternativamente, participamos periodicamente de rituais de execução sumária de outros suínos, cuja transformação em presunto nos garante um estranho sentimento de proteção e sobrevivência. Ainda não foi desta vez que fomos descartados, cancelados, destruídos ou excluídos desta miserável condição "porcolina".Vivemos ainda pálida impressão que o monopólio dos frigoríficos é uma produção natural dos deuses da "linguiçaria". A sedução digital funciona, neste caso, como uma espécie de síndrome de Estocolmo, por meio da qual amamos ainda mais nossos algozes, porque eles não nos mataram, ainda.

Tal alegoria ainda serviria para o capitalismo pré-plataforma. A verdadeira sedução digital ocorre quando o movimento dos porcos, dentro da pocilga, passa a valer alguma coisa. Suas brigas e ódios, seus amores e paixões, suas histórias deprimentes de movimentação circular, pode animar mais ainda a sedução. Lembremos que *seducere* é um verbo latino que se refere a "tirar do caminho". Mas a nova condição é de *prossumidores*, onde produtor e consumidor se fundem na medida em que produzir dados enquanto se consome produtos ou informação tornam estes dados agregados de mais-valor. A situação é inédita quando pensamos no esquema marxista de que os trabalhadores só dispõem de sua mão de obra para vender "livremente" no mercado dividido, organizado e monopolizado pelos que detém os meios de produção. Amazon, Facebook, Google, Apple não monopolizam os meios de *produção*, mas de *prossumissão*. Não apenas a mais-valia marxista, mas também o mais-de-gozar lacaniano trabalham, assim, em regime permanente de sedução.

Isso nos ajudaria a entender *como*, e não só *porque*, a adesão às telas traz prejuízos à saúde mental, como mostrou Jonathan Haidt em seus estudos mais recentes. A sedução digital tira do caminho sem entregar o segundo caminho. Tira do caminho, mas não sugere um novo fim, destino ou orientação. Em vez disso, é como se ela tirasse do caminho e em seguida dissesse: calma, nada vai acontecer, nenhuma traição, nenhum novo desejo, apenas aquelas mesmas satisfações mornas que daqui a pouco vão tirar você novamente do seu caminho, que agora é também o "nosso caminho". Temos, então, o *prossumidor* ideal, que é também o sujeito perfeito para este regime de sedução, que podemos reconhecer pelos seguintes traços:

Diante de uma lacuna de saber ou de uma encruzilhada ética, ele procurará dois influenciadores, cada qual com uma posição oposta, o que lhe dará a ilusão de estar fazendo uma escolha independente;

Depois disso ele elege uma autoridade para confirmar sua própria posição, que agora é também a reprodução deformada da posição opinativa corrente que lhe foi enviada, porque você já "curtia" este tipo de influenciador;

Surgem então as exceções, a nuvem de divergentes, independentes, cuja autoridade pós-institucional se apresentará como autêntica;

Finalmente, o sujeito derroga a ciência, não pela adesão ou refutação de suas teses, mas pela complexidade e incerteza de suas conclusões.

Cada volta que damos neste circuito da sedução é um fio de seda a mais em nosso casulo, uma nova narrativa em nossa bolha epistêmica. Daí a imagem fundamental de que no fundo somos como mariposas voando em volta de uma luz difusa que terminará por nos queimar a todos. *Hikikomoris* solitários em nossas celas platônicas e anestesiados pelas flores de lótus que comemos sem parar. Sociedade do cansaço, líquida, narcísica. Tudo isso concorre para a economia da atenção. Luz que não mais liberta, mas aprisiona. Luz sedutora que nos faz renunciar a nossa alforria. Luz brilhante da tela que nos atrai. Luz, cujo brilho nos seduz para uma vida em estrutura de fuga, nunca de entrada.

Christian Dunker

Psicanalista, professor titular, livre-docente do Departamento de Psicologia Clínica da USP com pós-doutorado pela *Manchester Metropolitan University*. Colaborador de diversos jornais e revistas, dedica-se à pesquisa sobre clínica psicanalítica de orientação lacaniana e suas relações com as ciências da linguagem e com a filosofia. Recebeu dois Prêmios Jabuti com as obras *Estrutura e Constituição da Clínica Psicanalítica* (2012) e *Mal-Estar, Sofrimento e Sintoma* (2016).

SOCIEDADE DIGITAL E O *HOMO DIGITALIS*

As obras que ilustram este livro são de Lívia de Castro. A artista visual inaugura um imaginário – de força aguda –, provocando reflexões sensíveis. Os seres *Homo Digitalis*, da série Sociedade Digital, inspirados por este livro e em conversas com autor, nos convocam à associação direta entre a digital dos dedos articuláveis das mãos humanas e o digital das redes articuladoras de vontades. Uma ambiguidade poética capaz de nos acordar de um transe atencional açulado pela Sedução Algorítmica. Conectada ao contemporâneo, a artista capta a essência cotidiana, recompondo cenas em que as telas de dispositivos capturam os sentidos, sejam do corpo, sejam do espírito. Em diálogo constante com o livro, Lívia de Castro rasga o seu grafite sobre a arcaica tela em branco – tecnologia pré-digital –, capaz de questionar as relações humanas com as recentes telas – agora sim, digitais. No meio disso tudo, a vida humana. No meio disso tudo, o tempo e a atenção das pessoas. No meio disso tudo, os interesses. No meio disso tudo, você. Nós. A arte mobiliza lugares e caminhos, quer no mundo objetivo, quer no mundo subjetivo. *Homo Digitalis* não é uma resposta, *Homo Digitalis* é uma pergunta. O que são os *Homo Sapiens*?

Júlio de Ló

Lívia de Castro é artista visual, ilustradora, cenógrafa no SBT há mais de 20 anos. Graduada pela Faculdade Belas Artes de São Paulo e pós-graduada em Computação Gráfica. Participou de formações na Universidade de São Paulo – USP, centros culturais, ateliers, museus. Artista premiada, realizou exposições no Brasil e exterior.

Homo Digitalis 1
série Sociedade Digital – São Paulo, 2022
grafite sobre papel | 29,7 x 21 cm

Homo Digitalis 2
série Sociedade Digital – São Paulo, 2022
grafite sobre papel | 29,7 x 21 cm

Homo Digitalis 3
série Sociedade Digital – São Paulo, 2022
grafite sobre papel | 29,7 x 21 cm

Homo Digitalis 4
série Sociedade Digital – São Paulo, 2022
grafite sobre papel | 29,7 x 21 cm

Homo Digitalis 5
série Sociedade Digital – São Paulo, 2023
grafite sobre papel | 21 x 29,7 cm

Homo Digitalis 6
série Sociedade Digital – São Paulo, 2023
grafite sobre papel | 21 x 29,7 cm

Homo Digitalis 7
série Sociedade Digital – São Paulo, 2023
grafite sobre papel | 29,7 x 21 cm

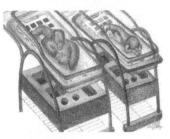

Homo Digitalis 8
série Sociedade Digital – São Paulo, 2024
grafite sobre papel | 29,7 x 21 cm

Homo Digitalis 9
série Sociedade Digital – São Paulo, 2024
grafite sobre papel | 29,7 x 21 cm

Homo Digitalis 10
série Sociedade Digital – São Paulo, 2024
grafite sobre papel | 21 x 29,7 cm

Homo Digitalis 11
série Sociedade Digital – São Paulo, 2024
grafite sobre papel | 21 x 29,7 cm

Homo Digitalis 12
série Sociedade Digital – São Paulo, 2024
grafite sobre papel | 21 x 29,7 cm

Homo Digitalis 13
série Sociedade Digital – São Paulo, 2024
grafite sobre papel | 21 x 29,7 cm

Homo Digitalis 14
série Sociedade Digital – São Paulo, 2024
grafite sobre papel | 29,7 x 21 cm

Homo Digitalis 15
série Sociedade Digital – São Paulo, 2024
grafite sobre papel | 29,7 x 21 cm

Homo Digitalis 16
série Sociedade Digital – São Paulo, 2024
grafite sobre papel | 21 x 29,7 cm

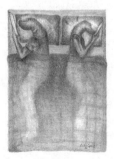

Homo Digitalis 17
série Sociedade Digital – São Paulo, 2024
grafite sobre papel | 21 x 29,7 cm

Homo Digitalis 18
série Sociedade Digital – São Paulo, 2024
grafite sobre papel | 29,7 x 21 cm

Leia o QR Code acima e faça parte das conversas sobre
Sedução Algorítmica
www.dilemadigital.com.br

AGRADECIMENTOS

Se há algo que vale a pena é agradecer. Aquele que agradece se integra no outro. Se integra na vida. Comunga. Reconhece o valor das coisas. Coloca na mochila de viagem o álbum das feições e afeições dos viajantes que cruzaram o caminho, que acompanham o caminho. A prateleira do passado é linha horizontal vista do presente, quase infinita, decorada com memórias que valem a pena. E. Se há algo que vale a pena é agradecer.

Quero começar com a Isabel Valle, editora da Bambual, que, após ler esta obra, me convidou para caminhar ao lado. Uma jornada que segue. Não mais pelas páginas deste livro, mas pela alegria de buscas em comum em uma sociedade em transição, que caminha rumo ao mundo de regeneração.

Agradeço aos meus pais, Clodoaldo e Marília, leitores, intelectuais, de criticidade aguda e de valores inspiracionais; minhas irmãs Nathália (*in memoriam*), Lívia, Hellen, Caroline que não tenha um "a" que não possa virar um alfabeto todo. Família é tanto, que agradecer é gesto diário, é como respirar. Rodrigo e Thiago, Júlia e Laura, por contribuir com tudo isso, fornecendo o coração.

Agradeço profundamente à doutora Simonetta Persichetti, com pós--doutorado pela USP, que me versou no mundo acadêmico, entusiasta do saber, orientadora vibrante, ourives da educação, de uma lucidez sobre o mundo da comunicação contemporânea admirável; que por circunstâncias da vida, passou, por um momento, o bastão ao Liráucio Girardi-Jr., doutor pela USP, que honrou a trajetória construída, trazendo novos elementos e apontamentos, ricos para o alargamento do saber. Obrigado por me apresentarem essa janela, essa imagem.

Quero agradecer ao professor Carlos Eduardo Souza Aguiar, doutor em Sociologia pela Université Sorbonne Paris Cité, e ao professor Roberto Mancuzo, doutor pela Unesp, pelo estímulo do livre pensar e do rigor científico, para que essa pesquisa chegasse neste momento.

À Fundação Cásper Líbero, onde tive a honra de me graduar e realizar o mestrado, com professores, colegas e amigos que seguem na estante da memória.

Ao Rodrigo Daniel Sanches, doutor pela USP, com pós-doutorado pela Faculdade Cásper Líbero, parceiro de conversas, artigos científicos e cafés, em que ouvir um vinil pode ser uma experiência para a vida, quero muito lhe agradecer. Assim como a amiga e doutora pela USP Maristela Schaufelberger, que faz de uma conversa trivial um continente do saber.

Quero agradecer ao professor doutor pela PUC Marcelo Santos, pesquisador que passou pela na Universidade de Toronto (Canadá) e pela Aarhus Universitet (Dinamarca), que não só contribuiu para a expansão da percepção científica, como, depois de anos, faz das suas luzes, generosidade.

À Lolita Beretta, pela disposição constante e competência na revisão. À doutora Talita Alcalá, Renata Truffa, Annemarie Heltai que se dispuseram em largueza de coração comentar e refletir a obra.

À escritora Jeanne de Castro e ao doutor pela USP Vicente Gosciola, pensadores da comunicação, fazem da vida um encontro de mais contentamento.

Aos educadores Antonio Lovato – direto de Barcelona –, Glauco Nepomuceno, Fernando Abinajm, pelas contribuições inúmeras, fazendo dos afetos, dos pensamentos e dos momentos, uma história digna de Alexandre Dumas.

Quero agradecer à Áurea Rampazzo e nossa turma: Adília Belotti, Augusto "Guto" Macedo, Célia Alves, Gilson Fagundes Jr. – de fuso horário sul-coreano –, Lourdes Gutierres, Paulo Nakazato, Soreh Meyer,

Sylvia Loeb, Valéria Midena, por permitirem a crítica aberta e construtiva para a evolução contínua na expressão literária.

Agradeço ao amigo e autor Renato Mendes, que dos Estados Unidos, abriu espaços para dialogar sobre a experiência literária por prismas também digitais.

Ao Ricardo Nóbrega, que pulsa com as buscas e conquistas sinceras dos amigos, disposto a promover espaços de conhecimento e celebração.

À Maís Moreno e ao Floriano de Azevedo Marques Neto, que além de eruditos e atuantes para uma sociedade mais justa e mais igualitária, fazem da amizade um lugar de conexões de muitos corações.

Quero agradecer a Beth Fernandes, da Fundação Dom Cabral, pela troca, pela disposição em contribuir e partilhar possibilidades de realizações e evoluções.

Ao Fábio Rolfo que sempre estende incentivos ao crescimento pessoal, humano e social a mim e a tantos.

Ao amigo irmão Fernando Froio Monteiro e Thaís Dantas, que fazem da história e da literatura um lugar mais luminoso e com mais sentido. Minha afeição.

Quero agradecer mais uma vez à Lívia de Castro, realizadora das obras que ilustram este trabalho. Foram dias e noites de conversas. Cultivando através do grafite provocações imagéticas, que acordam o sensível e a reflexão. Sua cooperação é evidente. Traz distinção através de sua arte, contemporânea arte, acessando a digital humana ancestral, ao digital humano presente-futuro.

Gostaria de trazer um olhar especial ao doutor Eugênio Bucci, referência de biografia e de bibliografia. Intelectual humano, imortal das letras, de ações notáveis dentro e fora da academia, o seu prefácio apruma o olhar, o senso crítico, condição para autonomia e o melhor viver, meus mais sinceros agradecimentos e minha admiração. Assim como ao doutor Christian Dunker, mobilizador da experiência-vida, investigador da intimidade, fez do posfácio um acordo com a lucidez, abrindo perspectivas e nos convidando a alargar os sentidos, de valor inestimável meu muito-obrigado.

Por fim, quero agradecer à Manuella Curti, parceira de vida, meu amor. Que acompanhou de perto toda jornada de escrever este livro, apoiando e buscando formas deste e tantos projetos de nossas vidas acontecerem. A vida ao seu lado é mais que a chama, é a própria luz. Sorriso, canto, diálogo, pensares, carinho, cultivo. Meu reconhecimento e minha gratidão.

Agradeço a tantas outras pessoas, que de alguma forma, direta ou indiretamente, estiveram envolvidas e presentes neste propósito.

REFERÊNCIAS

ABREU, C. N. **Família & Tecnologia**: promoção do uso inteligente da tecnologia no seio da família. Brasília: Ministério da Mulher, da Família e dos Direitos Humanos, 2021.

ANDRADE, M. d.; CASTRO, G. G. S. *Youtubers* mirins e os vídeos *unboxing*: uma reflexão sobre a criança conectada nas tramas da publicidade contemporânea. **Revista Mídia e Cotidiano**, Niterói, Volume 14, Número 1, jan-abr de 2020.

ANDREA, C. d'. **Pesquisando plataformas online**: conceitos e métodos. Salvador: EdufBa, 2020. Disponível em: https://repositorio.ufba.br/ri/handle/ri/32043. Acesso em: 27 jan. 2022.

ARENDT, H. **A condição humana**. 12. ed. Rio de Janeiro: Forense Universitária, 2015.

AUGÉ, M. **Não lugares**: Introdução a uma antropologia da supermodernidade. Tradução Maria Lúcia Pereira. Campinas: Papirus, 1994.

BENTES, A. **Dobras #47**: O design comportamental e a economia da atenção: enganchar, engajar e influenciar. Blog MediaLab – UFRJ. Disponível em: https://medialabufrj.net/blog/2021/05/dobras-47-o-design-comportamental-e-a-economia-da-atencao-enganchar-engajar-e-influenciar/. Acesso em: 19 jan. 2022.

BERARDI, F. **Depois do futuro**. Traduzido por Regina Silva. São Paulo: Ubu Editora, 2019, 192 p. (Coleção Exit)

BRUNO, F. Arquitetura algorítmica e negacionismo: a pandemia, o comum, o futuro. In: DUARTE, Luisa; GORGULHO, Victor (org.). **No tremor do mundo**: ensaios e entrevistas à luz da pandemia. Rio de Janeiro: Cobogó, 2020.

BRUNO, F. G.; BENTES, A. C. F.; FALTAY, P. Economia psíquica dos algoritmos e laboratório de plataforma: mercado, ciência e modulação do comportamento. **Revista Famecos: mídia, cultura e tecnologia**, Porto Alegre, v. 26, n. 3, p. 1-21, set./dez. 2019.

BUCCI, E. **A superindústria do imaginário**: como o capital transformou o olhar em trabalho e se apropriou de tudo que é visível. Belo Horizonte: Autêntica, 2021. (Ensaios)

_____. **Incerteza, um ensaio**: como pensamos a ideia que nos desorienta (e orienta o mundo digital). Belo Horizonte: Autêntica, 2023. (Ensaios / Coordenação Ricardo Musse)

CITTON, Y. *Pour une écologie de l'attention*, Paris, Le Seuil, 2014.

COELHO, C. N. P.; PERSICHETTI, S., Benjamin, o método da compreensão e as imagens dialéticas. **Líbero**, São Paulo, v. 19, n. 37-A, p. 55-62, jul./dez. de 2016.

CONTRERA, M. S. Apresentação. **Revista de Comunicação, Cultura e Teoria da Mídia –** Ghrebh - CISC Centro Interdisciplinar de Semiótica da Cultura e da Mídia, São Paulo, n. 10, p. 3-5, junho de 2007.

CORNELLA, A. *Infoxication*. 2018. Disponível em: https://alfonscornella.com/2018/08/08/infoxication-portuguese-spanish/ - Acesso em: 20 jul. 2020.

CRARY, J. **24/7** – Capitalismo tardio e os fins do sono. Tradução: Joaquim Toledo Jr. São Paulo: Ubu Editora, 2016.

CYRULNIK, B. **Do Sexto Sentido**: O Homem e o Encantamento do Mundo. Tradução Ana Rabaça. Lisboa. Ed. Instituto Piaget, 1999.

DANTAS, M. Mais-valia 2.0: Produção e apropriação de valor nas redes do capital. **Revista**

Eptic Online, Rio de Janeiro, v. 16, n. 2, p. 89-112, maio/ago. 2014. Disponível em: https://seer.ufs.br/index.php/eptic/article/view/2167. Acesso em: 27 jan. 2022.

DAVENPORT, T. H.; BECK, J. C. **A economia da atenção:** compreendendo o Novo Diferencial do Valor dos Negócios. Tradução de Afonso Celso da Cunha Serra. Rio de Janeiro: Campus, 2001

DUNKER, C. **Reinvenção da identidade** – políticas do sofrimento cotidiano. São Paulo: Ubu Editora, 2017.

FERREIRA, M. R. Perigos da Inteligência Artificial. In: FERREIRA, Marcos; BOCK, Ana Mercês Bahia; GONÇALVES, Maria da Graça Marchina (org.). **Estamos sob ataque!** tecnologia de comunicação disputa das subjetividades [livro eletrônico]: Falas do III Simpósio Nacional Psicologia e Compromisso Social. São Paulo: Instituto Silvia Lane, 2021.

FLUSSER, V. **O mundo codificado:** por uma filosofia do design e da comunicação: Vilém Flusser; organizado por Rafael Cardorso. Tradução: Raquel Abi-Sâmara. São Paulo: Ubu Editora, 2017.

FRANCK, G. *The economy of attention.* Telepolis, 7 dez. 1999. Disponível em: https://www.heise.de/tp/features/The-Economy-of-Attention-3444929.html. Acesso em: 21 abr. 2024

GILLESPIE, T. A relevância dos algoritmos. **Parágrafo**, v. 6, n. 1, p. 95-121, jan./abr. 2018a. Disponível em: https://revistaseletronicas.fiamfaam.br/index.php/recicofi/article/view/722>. Acesso em: 27 jan. 2022.

_____. **Custodians of the internet:** platforms, content moderation, and the hidden decisions that shape social media. Yale University Press, 2018b. E-book.

GIRARDI JÚNIOR, L. Midiatização profunda, plataformas e logjects. **Revista da Associação Nacional dos Programas de Pós-Graduação em Comunicação**, v. 24, p. 1–20, jan./dez. 2021. Disponível em: < https://doi.org/10.30962/ec.2287>. Acesso em: 27 jan. 2022.

GOLEMAN, D. **Foco:** a atenção e seu papel fundamental para o sucesso. Tradução Cássia Zanon. Rio de Janeiro: Objetiva, 2013. E-book.

GOLDHABER, M. H. *The attention economy and the Net. First Monday*, v. 2, n. 4, 7 abr. 1997. Disponível em: https://firstmonday.org/ojs/index.php/fm/article/view/519/440 . Acesso em: 21 set. 2024

GÓES, D. Dependência e redes sociais: o impacto da tecnologia na família. In: ABREU, C. N. **Família & Tecnologia**: promoção do uso inteligente da tecnologia no seio da família. Brasília: Ministério da Mulher, da Família e dos Direitos Humanos, 2021.

GREENFIELD, D.. Capítulo 8. In: YOUNG, Kimberly S. et al. **Dependência de Internet [recurso eletrônico]:** manual e guia de avaliação e tratamento - "As propriedades de dependência do uso de internet". Tradução Maria Adriana Veríssimo Veronese. Porto Alegre: Artmed, 2011.

GROHMANN, R. Plataformização do trabalho: entre dataficação, financeirização e racionalidade neoliberal. Revista Eptic, vol. 22, n. 1, jan./abr. - p. 106-122, 2020.

HAN, B.-C. **Sociedade do cansaço**. Tradução de Enio Paulo Giachini. 2. ed. Ampl. Petrópolis: Vozes, 2019. E-book.

_____. **O desaparecimento dos rituais:** Uma topologia do presente. Tradução Gabriel Salvi Philipson. Petrópolis: Vozes, 2021.

HARARI, Y. N.. **21 lições para o século 21**. Tradução Paulo Geiger. 1ª ed. São Paulo: Companhia das Letras, 2018.

HELMOND, A. A plataformização da web. In: OMENA, Janna Joceli. (pp. 49-72) **Métodos Digitais Teoria-Prática-Crítica**. Lisboa: Coleção Livros ICNOVA – Instituto de Comunicação da Nova Faculdade de Ciências Sociais e Humanas/Universidade NOVA de Lisboa, 2019.

KOSSOY, B. **Os tempos da Fotografia**: o Efêmero e o Perpétuo. 2ª ed. São Paulo: Ateliê Editorial, 2007.

KOTLER, P.; KARTAJAYA, H.; SETIAWAN, I. **Marketing 5.0**: tecnologias para a humanidade. Tradução de André Fontenelle. Rio de Janeiro: Sextante, 2021. E-book.

LEE, K.-F. **Inteligência artificial**: como os robôs estão mudando o mundo, a forma como amamos, nos relacionamos, trabalhamos e vivemos. Tradução Marcelo Barbão. Rio de Janeiro: Globo Livros, 2019. E-book.

LEMOS, A. **A tecnologia é um vírus**: pandemia e cultura digital. Porto Alegre, RS: Editora Sulina, 2021, 150 p.

LEMOS, A.; MARQUES, D. Privacidade e Internet das Coisas: uma análise da rede Nest a partir da Sensibilidade Performativa. E-Compós, v. 22, p. 1-26, 2019.

LIPOVETSKY, G. **A sociedade da sedução**: democracia e narcisismo na hipermodernidade liberal. Tradução Idalina Lopes. Barueri: Manole, 2020. E-book.

LIPOVETSKY, G.; SERROY, J. **A cultura-mundo**: resposta a uma sociedade desorientada. Tradução Maria Lúcia Machado. – 1ª ed. – São Paulo: Companhia das Letras, 2011.

LIPOVETSKY, G. / SERROY, J. – A estetização do mundo: Viver na era do capitalismo artista; tradução Eduardo Brandão. — 1a ed. — São Paulo: Companhia das Letras, 2015.

MARTIN, K. **O Livro dos Símbolos**: Reflexões sobre imagens arquetípicas. Taschen, 2012.

MARTINO, L. M. S. **Teoria das mídias digitais**: linguagens, ambientes, redes. Petrópolis: Vozes, 2014. E-book.

MARTINO, L. M. S.; MARQUES, Â. C. S. **No caos da convivência:** ideias práticas sobre a arte de lidar com os outros. Petrópolis: Vozes, 2020.

MENEZES, J. E. de O. Semiótica e cultura dos meios. In: GOTTILIEB, L. **Cenários comunicativos**: A pesquisa na pós-graduação da Cásper Líbero. São Paulo: Ed. Iglu, 2009, p. 53-68.

MOROZOV, E. **Big Tech**: a ascensão dos dados e a morte da política. Traduzido por Claudio Marcondes. São Paulo: Ubu Editora, 2018.

ORWELL, G. **1984**. Tradução Alexandre Hubner, Heloisa Jahn. São Paulo: Companhia das Letras, 2009.

PARISER, E. **Tenha cuidado com os "filtros-bolha" online**. Tradução Paulo Melillo. Disponível em: https://www.ted.com/talks/eli_pariser_beware_online_filter_bubbles?language= pt-br#t-525301. Acesso em: 20 jul. 2020.

PASQUALE, F. A esfera pública automatizada. Tradutores Marcelo Santos, Victor Varcelly. **Líbero**, Revista eletrônica do Programa de Mestrado em Comunicação da Faculdade Cásper Líbero, Ano XX, nº 39 - Jan./Ago. 2017.

PEIRCE, C. S. **A fixação da crença**. Tradução de Anabela Gradim Alves. Disponível em: http://www.bocc.ubi.pt/pag/peirce-charles-fixacao-crenca.pdf. Acesso em: 15 jan. 2022.

PLATÃO. **A república**. Bauru: Edipro, 2001. (Série Clássicos).

RANCIÈRE, J. **O espectador emancipado**. Tradução Ivone C. Benedetti. São Paulo: Editora WMF Martins Fontes, 2012.

RECUERO, R. **Redes sociais na internet**. Porto Alegre: Sulina, 2009, 191 p. (Coleção Cibercultura). E-book.

_____. **Introdução à análise de redes sociais**. Salvador: EDUFBA, 2017. (Coleção Cibercultura). Disponível em: https://repositorio.ufba.br/ri/handle/ri/24759. Acesso em: 28 jan. 2022. E-book.

_____. **Mídia social, plataforma digital, site de rede social ou rede social? Não é tudo a mesma coisa?** Medium [Brasil], 9 jul. 2019. Disponível em: https://medium.com/@ raquelrecuero/m%C3%ADdia-social-plataforma-digital-site-de-rede-social-ou-rede-social-n%C3%A3o-%C3%A9-tudo-a-mesma-coisa-d7b54591a9ec. Acesso em: 30 out. 2021.

REES, L. **Vende-se política**. Trad. de Heloisa Brown. 1ª. ed. – RJ: Revan, 1995.

RÉGIS, F. Tecnologias de comunicação, entretenimento e competências cognitivas na cibercultura. **Revista FAMECOS**. Porto Alegre, n. 37, pp. 32-37, dezembro de 2008.

SALVO, V. L. M. A. de. Mindfulness e Mindful Eating: contribuições para saúde mental. In: **Mídia & Comportamento Relações entre Comunicação e Saúde Mental**. PERSICHETTI, Simonetta; SANCHES, Rodrigo Daniel; SPANGHERO, Maristela Schaufelberger. São Paulo: Cásper, 2021.

SANCHES, R. D.; LEITE, J. A. L. C. A imagem do corpo feminino na mídia: a história do presente, o peso da leveza e a economia da sedução. Locus: Revista de História, v. 29, p. 84-108, 2023. Disponível em: https://periodicos.ufjf.br/index.php/locus/article/view/41196 . Acesso em: 23 set. 2024

SANTAELLA, L. **A ecologia pluralista da comunicação**: conectividade, mobilidade, ubiquidade. São Paulo: Paulus, 2010. (Coleção Comunicação)

_____. O livro como prótese reflexiva. **Matrizes**, São Paulo, V.13, set./dez. 2019. p. 21-35.

SANTOS, M. Mamadeira de piroca: Por que um vídeo absurdo pareceu coerente a alguns eleitores de Bolsonaro? **Encontro Anual da Compós**, 29. Universidade Federal de Mato Grosso do Sul, Campo Grande - MS, 23 a 25 de junho de 2020.

SILVA, S. P. da. Comunicação digital, economia de dados e a racionalização do tempo: algoritmos, mercado e controle na era dos bits. **Contracampo**, Niterói, v. 38, n. 1, pp. 157-169, abr./jul. 2019.

SRNICEK, N. **Platform capitalism.** Cambridge: Polity Press, 2017.

STATISTA. *Number of monthly active Facebook users worldwide as of 4th quarter 2023*. Disponível em: https://www.statista.com/statistics/264810/number-of-monthly-active-facebook-users-worldwide/. Acesso em: 22 set. 2024.

TOLSTOI, L. N. **Guerra e Paz**. Tradução de Lucinda Martins. Edição Integral. São Paulo: Círculo do Livro S.A., 1974.

TÜRCKE, C. **Sociedade excitada**: filosofia da sensação. Campinas: Editora da Unicamp, 2010.

_____. **Hiperativos!**: abaixo a cultura do déficit de atenção. Tradução José Pedro Antunes. São Paulo: Paz e Terra, 2016. E-book.

VAN DIJCK, J. **The culture of connectivity**: a critical history of social media. New York: Oxford University Press, 2013. E-book.

VAN DIJCK, J.; POELL, T.; WAAL, M. de. **The platform society:** public values in a connective world. New York: Oxford University Press, 2018. E-book.

WERNER SILVA, L. Internet foi criada em 1969 com o nome de "Arpanet" nos EUA. Folha UOL. Cotidiano. 12 jan. 2001. Disponível em: <https://www1.folha.uol.com.br/folha/cotidiano/ult95u34809.shtml>. Acesso em: 23 out. 2024.

WILLIAMS, J. **Liberdade e resistência na economia da atenção**: como evitar que as tecnologias digitais nos distraiam dos nossos verdadeiros propósitos. Porto Alegre, RS: Arquipélago, 2021. E-book.

WU, T. *The attention merchants: the epic scramble to get inside our heads.* Nova York: Knopf, 2016.

ZIZEK, S. **Como ler Lacan**. Tradução Maria Luiza X. de A. Borges. Rio de Janeiro: Zahar, 2010.

ZUBOFF, S. **A era do capitalismo de vigilância:** a luta por um futuro humano na nova fronteira do poder. Tradução: George Schlesinger. Rio de Janeiro: Intrínseca, 2020.

Copyright © 2024 Júlio de Ló

Todos os direitos reservados. Nenhuma parte deste livro pode ser reimpressa ou reproduzida ou utilizada de qualquer forma ou por qualquer meio eletrônico, mecânico ou outro, agora conhecido ou inventado no futuro, incluindo fotocópia e gravação, ou em qualquer sistema de armazenamento ou recuperação de informações, sem permissão por escrito dos editores.

COORDENAÇÃO EDITORIAL
Isabel Valle

REVISÃO
Lolita Beretta

ILUSTRAÇÕES DE CAPA E MIOLO
Lívia de Castro

FOTO DO AUTOR
Naná Curti

Dados Internacionais de Catalogação na Publicação (CIP)
(Câmara Brasileira do Livro, SP, Brasil)

Ló, Júlio de
  Sedução algorítmica / Júlio de Ló ; [ilustração Lívia de Castro]. -- 1. ed. -- Rio de Janeiro : Bambual Editora, 2024.

  Bibliografia.
  ISBN 978-65-89138-69-3

  1. Comportamento humano - Aspectos sociais 2. Cultura digital 3. Inteligência artificial - Inovações tecnológicas 4. Reflexões 5. Sociedade da informação I. Castro, Lívia de. II. Título.

24-235412   CDD-303.4833

Índices para catálogo sistemático:

1. Sociedade da informação : Impactos sociais : Sociologia 303.4833

Aline Graziele Benitez - Bibliotecária - CRB-1/3129

www.bambualeditora.com.br
conexao@bambualeditora.com.br